Barbara Messer

Das schaffst du schon

Ein Ermutigungsbuch für Menschen in Krisen

„Bewahre mich vor dem naiven Glauben, es müsste im Leben alles gelingen. Schenke mir die nüchterne Erkenntnis, dass Schwierigkeiten, Niederlagen, Misserfolge, Rückschläge eine selbstverständliche Zugabe zum Leben sind, durch die wir wachsen und reifen."

ANTOINE DE SAINT-EXUPÉRY

Für meine Mutter, vor deren Schicksal ich mich tief verneige, die mich vieles gelehrt hat und die ich unendlich liebe.

Und für Thea, Bine, Angie, Andreas, George, Andrea und Erich, Claudia, Angelika, Michael, Albert, Maria, Uschi, Stephan, Ralf, Petra, Katharina, Uwe, Simone, Karsten und Jane und all die anderen, die mich durch die letzten Monate und Jahre getragen haben.

Barbara Messer

Das schaffst du schon

Ein Ermutigungsbuch für Menschen in Krisen

GABAL

Bibliografische Information der Deutschen Nationalbibliothek

Die Deutsche Nationalbibliothek verzeichnet diese Publikation in der Deutschen Nationalbibliografie; detaillierte bibliografische Informationen sind im Internet unter http://dnb.d-nb.de abrufbar.

ISBN 978-3-86936-523-7

Lektorat: Anja Hilgarth, Herzogenaurch
Umschlaggestaltung: Martin Zech Design, Bremen | www.martinzech.de
Umschlagfoto: Eiskoenig/Fotolia
Satz und Layout: Lohse Design, Heppenheim | www.lohse-design.de
Herstellung: BoD - Books on Demand, Norderstedt

www.gabal-verlag.de
www.facebook.com/Gabalbuecher
www.twitter.com/gabalbuecher

Inhalt

Vorwort

In den 50 Jahren, die ich bisher gelebt habe, hat mir das Schicksal mehr als eine Krise geschenkt. Aber sechs Krisen haben sich für mich als lebensprägend erwiesen:

Meine „besten“ Krisen:

- Die Trennung meiner Eltern, als ich 4 bis 5 Jahre alt war
- Das brutale Verhalten meines Stiefvaters, als ich Jugendliche war
- Eine Fehlgeburt (über die ich in diesem Buch nicht schreibe)
- Die große existenzielle Krise – kurz nach der Geburt meiner Tochter
- Der Tod meiner Mutter
- Die Trennung von meiner damaligen Lebensgefährtin

Die beiden letzten Krisen, der Tod meiner Mutter sowie die Trennung von meiner langjährigen Lebensgefährtin, haben alles ins Wanken gebracht: mein persönliches Leben und meine berufliche Existenz. Doch während ich jetzt schreibe, fühle ich mich wie wiedergeboren. Der monatelang anhaltende Schmerz hat sich in Kraft und Liebe verwandelt. Die alte Energie und die verschüttete Lebendigkeit sind wieder da. Ich bin so sehr Barbara wie seit Jahren nicht mehr. Ich fühle mich wie ein Flitzebogen, der wieder gespannt ist, wie Phönix aus der Asche, wieder mehr bei mir. Ich habe an Echtheit gewonnen.

Heute betrachte ich das Leben als einen Kreislauf von Geben und Nehmen. Mit diesem Buch möchte ich geben. Erfüllt von Dankbarkeit dafür, was ich in den letzten Jahre bekommen habe. Ich habe auch einige Freunde gebeten, mir ihre Krisen zu „schenken“. Sie sind meinem Wunsch gefolgt und haben sie – alle zum ersten Mal – aufgeschrieben, um Ihnen, liebe Leserin, lieber Leser, vor allem eines zu zeigen: Sie sind nicht allein. Vielmehr sind Sie Teil einer großen Gemeinschaft von Menschen, die wissen, wie fragil die Balance des Lebens ist, und die sich bemühen, ihre Balance zu finden – auch wenn Sie vielleicht wieder aus dem Gleichgewicht kommen oder gestoßen werden.

Sie haben dieses Buch in der Hand,

- weil Sie in einer Krise sind,
- weil es Ihnen schlecht geht,
- weil Sie sich im Kreis drehen,
- weil Sie Angst haben und nicht wissen, wie es weitergeht,
- weil Sie der Rettungsring auf dem Umschlag angesprochen hat,
- weil Sie sicher sein möchten, dass es sich lohnt, die jetzige schwere Zeit zu durchschreiten.

Die Geschichten, Erlebnisse und Eindrücke, die ich in diesem Buch mit Ihnen teilen möchte, sollen Sie ermutigen, Ihre persönliche Krise anzugehen und zu durchleben.

Wichtig: Im Zentrum dieses Buches stehen die persönlichen Krisen auf unserem Lebensweg wie Krankheit, Jobverlust, Trennung, Alter oder Tod. Mein Buch eignet sich nicht für Sie, wenn Sie in einer psychischen Krise sind. Mit psychischer Krise wird ein seelischer Zustand oder Konflikt innerhalb einer Person oder auch zwischen mehreren beteiligten Personen bezeichnet. Hier reichen Fähigkeiten der Alltagsbewältigung oder Problemlösungsmethoden nicht aus. Bei einer psychischen Krise verengt sich die Wahrnehmung. Informationen und auch deren Bewertung werden einseitig, spitzer und kompromissloser. Bisher geltende Normen und Werte werden außer Kraft gesetzt. Wenn Sie in einer solchen Krise sind, sollten Sie vor allem eines tun: Holen Sie sich Hilfe bei einer psychologischen Erstberatung, bei einem guten Therapeuten.

Eine persönliche Krise ist die größte Chance, das Veränderungspotenzial, das in Ihnen schlummert, anzunehmen und den nächsten Schritt auf Ihrer Lebensspur zu gehen. Wenn Sie die Kraft einer Krise und Veränderung nutzen, kann Sie das glücklicher machen, als Sie es je waren. Das bewusste Durchschreiten der Krise, mit all ihren Facetten von Schmerz, Angst, Sehnsucht, Hunger, Alleinsein, Hoffnungslosigkeit, Kraftlosigkeit, Hilflosigkeit und Versagen ist machbar.

Die Idee zu diesem Buch entstand, als mir bewusst wurde, dass ich in meinen Krisen immer wieder denselben Schritten der Verarbeitung folge: Ich orientiere mich an dem Satz „Du schaffst das schon!" oder manchmal auch „Das schaffst du schon!". Das war der Zaubersatz meiner Mutter, und er wirkt tatsächlich mit nie versiegender Kraft.

Auch Sie können das schaffen. Sie können erleben, was in Ihnen zum Vorschein kommt, wenn Sie loslassen und darauf vertrauen, dass Sie Ihre Krise meistern werden. Auch Sie werden erfahren – wenn Sie es nicht schon wissen –, welche Wunder es gibt!

Vielleicht werden Sie feststellen, dass Sie Hilfe von Menschen bekommen, von denen Sie vorher niemals gedacht hätten, dass sie Ihnen helfen. Sie werden wahrscheinlich Erfahrungen machen, die Sie später nicht mehr missen möchten. Es werden viele Wunder in Ihrem Leben geschehen.

Sie finden in diesem Buch Hilfe für das, was Sie – möglicherweise – gerade durchleben. Für Ihre

- angstvollen Momente
- sorgenvollen Gedanken
- aktuellen Schmerzen
- unzähligen Fragen
- eingeschüchterten Willenskräfte
- vielen Verzagtheiten.

Nutzen Sie dieses Buch als Rettungsring, als Festhaltemöglichkeit in Ihren schweren Stunden, Wochen und Monaten.

Noch etwas hat mich bewogen, dieses Buch „Das schaffst du schon“ zu schreiben und auch so zu nennen: Als ehemalige Altenpflegerin habe ich viele Jahre Menschen beim Sterben und beim Beenden des Lebens begleitet. Ich bin dabei oft dem tiefen Bedauern über unerfüllte Träume und nicht begonnene Vorhaben begegnet, das die dem Tode nahe stehenden Menschen erlebten. Mir ist es daher ein tiefes Anliegen, dass Sie sich ermutigt fühlen,

- das zu tun, was Sie wirklich wollen;
- Ihre persönliche Fülle des Lebens zu erfahren;
- das, was in Ihnen schlummert, ans Licht zu holen.

Viele alte Menschen, die ich begleiten durfte, zeigten zum Lebensende hin Reue oder auch Bitterkeit, weil sie mit Überlegungen beschäftigt waren wie:

- Hätte ich nur meine wirklichen Träume gelebt ...
- Wäre ich nur weitaus mehr meinem Herzen gefolgt ...
- Wäre ich doch viel öfter unvernünftig gewesen ...
- Hätte ich nur wesentlich mehr Lebenszeit mit „Fühlen“ verbracht ...
- Hätte ich mir nur mehr Momente genommen, um das Glück, das ich hatte, zu schätzen ...

Sie wollen nicht zu den Menschen gehören, die am Ende ihres Lebens einen dieser fragwürdigen Klassiker murmeln? Dann nutzen Sie Ihre jetzige Krise, um das Allerbeste für sich daraus zu machen!

Ihr Rettungsring für Notfälle

1

Wenn Sie gerade jetzt in einer Krise stecken, erleben Sie wahrscheinlich Angst, Sorgen und Panik. Vielleicht leiden Sie unter körperlichen Reaktionen wie Herzrasen, Schwitzen oder Frieren, Herz-Kreislauf-Problemen, Beklommenheit, vegetativen Störungen, Übelkeit, Verdauungsstörungen und vielem mehr. Vielleicht bestimmen Sinnlosigkeit, Verzweiflung, Hoffnungslosigkeit und Hilflosigkeit Ihre Tage.

Nichts ist gerade wie vorher, kein Stein liegt mehr auf dem anderen. Vielleicht möchten Sie die Welt oder wenigstens die Zeit anhalten oder am liebsten ganz woanders sein – ohne Gedanken, ohne Gefühle.

Dann werfe ich Ihnen gleich meinen Rettungsring zu, das „Das schaffst du schon“-Prinzip meiner Mutter. Sie hat es ihr Leben lang befolgt, abgewandelt und durchlebt und wieder verändert. Es basiert nicht auf einem wissenschaftlichen (dazu kommen wir später), sondern auf einem gelebten Modell. Hier sind meine „Du schaffst das schon“-Leitsätze, an die Sie sich in schlimmen Zeiten erinnern können und die Sie hoffentlich aus der Krise hinausführen werden:

1.1 Die „Du schaffst das schon"-Leitsätze

1. Halt jetzt an.

Nehmen Sie eine Auszeit

Es ist gut, innezuhalten, um sich einen Überblick (eine Analyse, eine Reflektion) zu verschaffen. Konkret heißt das: Nehmen Sie sich eine Auszeit, kurz, minutenlang, eine Stunde oder auch zwei, indem Sie sich einfach irgendwohin setzen. Oder indem Sie stehen bleiben, im wahrsten Sinne des Wortes: Halten Sie an, was eher für ein innerliches Anhalten steht. Manches Mal kann das Tage oder gar Wochen dauern.

Halten Sie wirklich an. Wer innehält, sucht inneren Halt.

Vielleicht begeben Sie sich in die Natur. Gehen Sie direkt dorthin, gehen Sie nicht über Los. Nein, im Ernst, verbringen Sie einen kleinen Augenblick in der Natur, im Garten, auf einem Rasenstück.

Effekt:
Durch diese Entschleunigung verändert sich Ihre Wahrnehmung. Sie können Ihre Aufmerksamkeit auf Ihre Atmung richten. Oder mit den Augen einen ganz bestimmten Punkt fixieren, den Sie angenehm finden. In diesen Momenten des „Anhaltens“ verändern Sie Ihre sinnliche Wahrnehmung und bewerten Ihre Situation nicht.

2. Iss erst einmal etwas bzw. lass uns etwas essen.

Essen Sie genussvoll

Essen erdet. Menschen genießen das gemeinsame Sitzen am Tisch und die Kraft guter, einfacher Lebensmittel. Nehmen Sie sich Zeit für den genussvollen Verzehr eines Getränks oder eines Lebensmittels, am besten zusammen mit anderen. So entsteht eine Gemeinschaft, die Ihnen Geborgenheit vermitteln kann. Essen Sie z. B. einen Apfel, trinken Sie ein Glas Wasser oder eine Tasse Tee, Kaffee oder etwas anderes Duftendes, Wärmendes.

Effekt:
Im NLP, dem Neuro-Linguistischen Programmieren, kennt man den Separator, eine wirksame Methode, um Menschen aus einer hohen negativen Anspannung oder Haltung zu befreien. Das ist auch die Wirkung des „Lass uns kurz etwas essen“. Es geht darum, einen ganz bewussten Einschnitt in eine eingefahrene Situation oder einen Denkprozess herbeizuführen mit dem Ziel, aus dem negativen Gefühl herauszukommen.

Ein Beispiel gefällig? Vor Kurzem begann ich ein neues berufliches Projekt, das einer alten Leidenschaft und Kompetenz entsprang, dem Radeln von Alpenpässen. Nach einer viertägigen Tour über drei Pässe mit einer Freundin kämpften wir uns morgens bei 4 Grad im Juni durch Graupelschauer die letzten Höhenmeter des Arlbergpasses hinauf. Dort oben angekommen, waren wir überglücklich, durchnässt und erschöpft. Meine Radlerfreundin belohnte sich auf dem Gipfel – am frühen Morgen gegen 8.00 Uhr – mit einer Gulaschsuppe. Erst staunte ich über meinen Cappuccino hinweg, doch dann verstand ich die wärmende Kraft der Suppe. Es war zwar keine Krise, die wir erlebten, doch ein kleiner Kampf lag hinter uns. Und die Suppe war köstlich, wärmend, stärkend und verbindend.

Mein persönliches Beispiel

3. Nimm es an, wie es ist.

Akzeptieren Sie den Status quo

Akzeptieren Sie die Situation erst einmal als das, was sie ist, ohne sie zu bewerten. Denken Sie dabei an das dem deutschen Theologen Oetinger zugeschriebene Gelassenheitsgebet: „Gott gebe mir die Gelassenheit, Dinge hinzunehmen, die ich nicht ändern kann, den Mut, Dinge zu ändern, die ich ändern kann, und die Weisheit, das eine vom anderen zu unterscheiden." Auch wenn Sie nicht an Gott glauben, ist der Kern dieser Aussage sehr passend: Hinzunehmen, was wir nicht ändern können, um wiederum Kraft genug für das zu haben, was wir ändern wollen.

Lernen Sie also, in diesem Moment der Krise hinzunehmen, was es hinzunehmen gilt.

Kommt es ganz schlimm? Dann hilft Ihnen vielleicht der universelle Rettungsring: „Wer weiß, wozu das gerade gut ist?" Halten Sie nicht stur fest an dem, was Sie nicht ändern können, sondern beherzigen Sie Heraklits Erkenntnis *panta rhei*, „alles fließt". Seien Sie sich selbst und den Themen Ihres Lebens gegenüber versöhnlich. Akzeptieren Sie auch, wenn bei Ihnen noch nicht alles im Reinen ist. Das gilt auch für diesen Moment. Nehmen Sie somit auch Ihr aktuelles Gefühlschaos als gegeben hin. Vielleicht schaffen Sie es sogar, die aufkommende Vielfalt an Emotionen zu genießen und zu erfahren, als Hinweis auf Ihren inneren Reichtum.

Effekt:
Durch Akzeptanz entsteht die Geduld, die Sie in Ihrer Krisensituation gerade so dringend benötigen. Wenn Sie sich aber gegen das, was Ihnen gerade widerfährt, wehren, weichen Sie womöglich diesem ersten Schritt der Verarbeitung aus.

Mein persönliches Beispiel

Seit meinem ersten Marathon im September 2005 träumte ich vom New-York-Marathon. Dieser Traum fällt in die Kategorie „Lebenstraum". Ein kleines Erbe meiner Mutter schien den Traum Realität werden zu lassen. Die Reise sollte mein Geschenk zum 50. Geburtstag werden, für mich und meine Lebensgefährtin. Erster Einbruch in diesen Lebenstraum: Meine Lebensgefährtin und ich trennten uns. Doch ich suchte nach einem Ersatzreisepartner und meine Tochter sagte überraschend zu. Dies war dann einer der ersten positiven Überraschungen, denn im Nachhinein war gerade unser Oma-im-Himmel-Mutter-Tochter-Projekt ein sehr verbindendes Ereignis dieser Aktion.

Das Training für den Marathon lief, ich war perfekt vorbereitet. Dann der zweite Einbruch: Sandy, der große Hurrikan im Herbst 2012, drohte zehn Tage vor Beginn den Marathon platzen zu lassen, doch die Hiobsbotschaft kam nicht, und nach langem Flug kamen meine Tochter und ich in New York an. Wir purzelten aus dem Flieger in ein Meer aus internationalen Läufern, die sich in der Wartehalle entsetzt um die Bildschirme scharrten: Der Marathon war nun doch abgesagt worden!

Ich war am Boden zerstört, denn noch nie hatte ich – prozentual betrachtet – so viel Geld für ein besonderes Ereignis ausgegeben. Ich konnte mir einfach nicht vorstellen, dass mein Traum zerplatzte. Mir kamen die Tränen, und nicht nur mir allein: Hier wurde auf internationalem Niveau geweint, geflucht, geschimpft. Wie eine babylonische Sprachverwirrung schwangen Unmut und Frust durch die riesige Halle. Am liebsten wäre ich sofort wieder nach Hause geflogen, doch das ging nicht.

Die Erkenntnis, „Wer weiß, wofür es gut ist", half mir, und wir bezogen unser Hotel in New York. Es dauerte jedoch noch die ganze Nacht, bis ich lernte, meine Situation zu akzeptieren, bis ich erkannte, dass das Schicksal mir eine Lektion erteilte. Am nächsten Morgen konnte ich mich auf das aktuelle Abenteuer „New York" einlassen, und ich verbrachte eine wundervolle Zeit mit meiner

Tochter im „Big Apple“ . Am Samstag hatte ich noch oft schlechte Laune. Beim Abholen der Startunterlagen gab es (auch auf meiner Seite) viel Tränen. Ich war aber nicht alleine, meine Tochter unterstützte mich, weil sie meine Enttäuschung spürte und liebevoll verständnisvoll war. Dann eroberten wir diese große Stadt, die wir bisher nur aus Bildern kannten. So durfte ich erleben, dass ihr Englisch weitaus besser ist als meines. Wir liefen über Stunden durch diese Stadt und sammelten gemeinsam Eindrücke. Hatten gemeinsam Zeit, über diese Eindrücke zu sprechen. Brooklyn Bridge, Ground Zero, Greenwich und vieles mehr. Abends trafen wir zwei Freundinnen und aßen in einem Diner, auch hier war es eine Freude, in dieser unvorhergesehenen Situation zu sein. Am Samstagnachmittag kursierten die ersten Gerüchte in der Stadt, dass es Alternativläufe geben würde. Das heiterte mich immer mehr auf. Und am nächsten Tag lief ich dann auch – mit vielen Tausend anderen Menschen aus ganz unterschiedlichen Nationen – meine 42 Kilometer durch den Central Park. Ohne Startschuss, ohne Zieleinlauf. Dafür mit glücklichen Menschen, inmitten von New Yorkern, die an der Strecke standen, Getränke und Essen reichten, Musik machten und ihr „You looking good“ riefen. Eine große freiwillige Kraft lag in der Stadt. In mir wuchs immer mehr Zutrauen, dass diese Reise ihren Sinn hatte. Ich hatte wieder etwas losgelassen, schmerzlich, und durfte erfahren, dass es etwas Neues, Reiches dafür gab. Ich musste mich nur drauf einlassen. Monate später kamen weitere Erkenntnisse dazu, wofür der abgesagte Marathon gut gewesen war, und von ihnen zehre ich noch heute: Ich habe erfahren, dass ein zerplatzter Traum einem anderen Traum Raum geben kann – in diesem Fall dem Traum, dass ich Dinge auf meine Weise tun kann und darf und dass durch den zu starken Fokus auf einen Traum der Blick für anderes verloren gehen kann.

Und jetzt – Monate später – habe ich mich entschieden, in diesem Jahr wieder in New York zu starten. Und weitere Läufe in mein Leben zu bringen. Durch das Loslassen des Traumes ist eine neue Vision entstanden – ich laufe viel ernsthafter und effizienter. Glücklicher und überzeugter.

4. Erledige eins nach dem anderen.

Bewegen Sie sich, denn jede noch so kleine Bewegung verändert die Perspektive und führt ein Stück weiter weg von dem, was Sie als Katastrophe bezeichnen, und eröffnet neue Möglichkeiten.

Gehen Sie immer eine einzige Sache an.

Viele Sätze in unserer Umgangssprache drücken dieses „Schritt für Schritt“ aus: „Eile mit Weile“, „Wenn du es eilig hast, gehe langsam“, „Rom wurde auch nicht an einem Tag erbaut“. Gehen Sie aber nur eine einzige Sache an, nämlich diejenige, die Ihnen im Moment am dringlichsten erscheint. Klären Sie, ob andere Menschen darüber informiert werden müssen, und achten Sie darauf, dass dabei genügend „Auszeit“ für Sie selbst bleibt.

Effekt:
Nach jedem Schritt haben Sie sich ein kleines Stückchen vorwärtsbewegt, vom Problem weg – hin zur Lösung und zum Neuen. Das verleiht Ihnen Abstand und gibt Ihnen die Chance, gelassener und handlungsfähiger zu werden. Sie können nach jedem Schritt aufatmen, nach hinten und nach vorn blicken. Sie werden erleben, dass die Welt anders aussieht.

5. Du kannst dies tun oder jenes.

Es gibt viele Auswege aus der Krise, doch diese sehen Sie erst, wenn Sie anhalten und sich der Krise stellen. Nachdem Sie innegehalten haben und sich dann schrittweise vom Zentrum der Krise entfernt haben, sind Sie nun in der Lage, festzustellen,dass Sie mehrere Möglichkeiten haben, Ihre Situation zu betrachten oder zu verändern.

Überprüfen Sie Ihre Sprache: Sprechen Sie von einer „Sackgasse“, einem „Dilemma“? Welche Worte gibt es noch für Ihre Situation: vielleicht „Lektion“ oder „Abenteuer“, „Hollywood-Drama“ oder „besondere Erfahrung“? Neigen Sie zu billigen Ausreden und Ausflüchten? Lassen Sie es lieber. Es hemmt und belastet Sie nur. Suchen Sie sich eine positive Umgebung und eine positive Unterstützung. Vorsicht vor Miesepetern!

Realisieren Sie, dass Sie die freie Wahl aus mehreren Möglichkeiten haben.

Entwerfen Sie Ihre Handlungsoptionen auf einem Blatt Papier. Tun Sie so, als hätte eine gute Fee Ihnen mehr als drei Wünsche erlaubt.

Effekt:
Die Vorstellung, dass Sie mehr als eine Option für Ihr Verhalten, notwendige Veränderungen oder Sichtweisen haben, ist entlastend. Gleich einer sich selbst erfüllenden Prophezeiung ist der Glaube an viele Möglichkeiten oder zumindest an mehr als eine positive Option, ein Ausweg, der Ihnen Energie verleiht. Und selbst wenn Sie am Ende die ursprünglich und innerlich vielleicht schon lang geplante Aktion wählen, so haben Sie gewählt. Die Wahlmöglichkeit bringt den Unterschied.

6. Es geht immer weiter:

Finden Sie Menschen, die ihre Krise überwunden haben

Fragen Sie, was andere Menschen aus Krisen befreit hat. Wenn Sie solche Menschen nicht persönlich kennen, dann haben Sie bestimmt von Menschen des öffentlichen Lebens gehört oder gelesen, die Schweres überstanden haben. Die Presse ist voll von Berichten, wie Menschen mit Folter, einer Inhaftierung, einem Attentat oder einer Naturkatastrophe umgegangen sind.

Für mich waren die alten Menschen, die ich kennenlernen durfte, allerbeste Beispiele. Wenn diese sich mit 79, 85 oder sogar 102 Jahren zu mir herunterbeugten, als ich ihnen von meinen Sorgen oder Problemen erzählen wollte, war mir sofort klar, dass sie schon weitaus mehr erlebt hatten als das, was ich gerade durchmachte. Meine Sorgen und Probleme kamen mir so viel kleiner vor als das von ihnen erlebte Leben, mit all den Aufgaben und all dem Leid. Da waren so oft im Krieg verlorene oder gestorbene Männer dabei, manches Mal schon wenige Wochen nach der Hochzeit oder der Empfängnis der Kinder, Abtreibungen, Fehlgeburten, sexualisierte männliche Gewalt, unfreiwillige Eheschließungen, unfreiwillige Berufswahl, Heimatvertreibung, Ausgebombt-Sein und vieles andere mehr. Zugleich waren diese Menschen voller Leben, voller Weisheit und positiver Erlebnisse, voller Träume und Versuche, alles in eine Balance zu bringen. Oft genug war ich beeindruckt von der inneren Gelassenheit der alten

Menschen, die so vieles überwunden hatten und sagten: „Es wird schon, Kind, das Leben sucht sich seinen Weg“, wenn ich ihnen etwas aus meinem Leben erzählte, was mir auf dem Herzen lag.

Und sie waren auch – ohne viele Worte – Vorbilder und Mentoren, einfach dadurch, dass sie trotz vieler Widrigkeiten einfach „da“ waren. Mit all den Spuren des Lebens.

Effekt:
Indem Sie sich Leidensgenossen suchen, können Sie erfahren, was andere Menschen in schlimmen oder scheinbar ausweglosen Situationen tun oder getan haben. Das hilft Ihnen dabei, Ihre eigene Krise anzunehmen, denn Sie haben jetzt sozusagen eine schützende Gruppe hinter sich, die ihre schlimmen Situationen bereits überstanden und gemeistert hat. Ihr aktuelles Leid kann sich ein wenig relativieren, wenn Sie andere Menschen erzählen hören oder darüber lesen, was ihnen passierte.

Das Miteinander-verbunden-Sein schafft uns einen Platz in allem – in dieser Welt. Der Göttinger Neurobiologe Prof. Dr. Gerald Hüther und andere stützen diesen Gedanken und Zustand vehement und sensibel zugleich. „Das heißt für uns Menschen, die wir in diesem Ganzen aufgehoben sind, dass wir zwar unterschiedlich und unterscheidbar, nicht aber getrennt sind. Wir befinden uns sozusagen in dieser Gemeinschaft, die wesentliche Voraussetzung dafür ist, dass wir überhaupt miteinander kommunizieren können.“[1]

7. Es könnte noch schlimmer kommen.

Bereiten Sie sich auf Schlimmeres vor

Ich helfe mir in schweren Phasen auch damit, dass ich mir sage: „Das jetzt, das bereitet dich darauf vor, dass du der nächsten Situation gut begegnen kannst.“ Ich weiß, dass es noch Schlimmeres gibt. Mit zunehmendem Alter wissen wir um die Schwere des Lebens. Als Kind

1 Dürr, Hans-Peter: Teilhaben an einer unteilbaren Welt. In: Hüther, Gerald; Spannbauer, Christa. Connectedness. Verlag Hans Huber, Bern, 2012, S. 22

dachten wir noch, alles hätte seine Ordnung. Ein aufgeschlagenes Knie war damals der Weltuntergang. Doch wir wurden schnell eines Besseren belehrt.

Effekt:
Mit diesem Leitsatz schaffen Sie etwas Abstand zwischen sich und der Krise. Es verstärkt Ihre Haltung, dass Sie wachsen und auf Ihrem Weg sind, wenn Sie sich bewusst machen, dass Sie noch „glimpflich" davongekommen sind. Bewusst erinnern Sie sich an „bisher Überstandenes". Recht bewusst reflektieren Sie, was genau Sie getan haben, um aus dem Schweren, der Not oder der Krise herauszugehen. Das verschafft Ihnen den Blick auf Ressourcen. Zugleich können Sie sich vor Augen halten, dass Sie es noch gut getroffen haben, denn anderen Menschen geht es so viel schlechter als Ihnen. Diese Gedanken umspülen Sie mit Wellen von Dankbarkeit. Und die ist wieder eine positive Kraft.

8. Sorge für absolute Sicherheit.

Werfen Sie Ihren Anker aus

Sorgen Sie dafür, dass es etwas oder jemanden gibt, der auf Sie aufpasst, der nach Ihnen fragt, der weiß, wo Sie sind und was Sie tun.

Ich habe Situationen erlebt, in denen andere Menschen oder ich in Gefahr waren, und weiß auch aus Schilderungen von Freunden und Bekannten: Es kann auch mal wieder zu Handgreiflichkeiten oder Situationen mit Gewaltbereitschaft kommen. Ebenso gibt es Situationen, in denen Sie keine Sicherheit mehr haben, weil Sie unter Schock stehen. Die Nachricht über den Tod eines Menschen oder eine Diagnose, die Ihnen ein Arzt soeben mitgeteilt hat, können Sie so sehr überfordern, dass Sie – zumindest im Moment – handlungsunfähiger sind.

Dann brauchen Sie einen persönlichen Rettungsring. Dieser Anker kann eine Erinnerung sein, die Sie im Kopf haben, oder ein Gegenstand, der symbolischen Charakter hat. Vielleicht ist es ein Ring oder ein Talisman. Vergessen Sie nie Ihr Handy, besuchen Sie Selbstverteidigungskurse, sagen Sie jemandem Bescheid, wenn Sie alleine unterwegs sind. Weben Sie sich Ihr eigenes Sicherheitsnetz.

Effekt:
Rettungsplätze und -anker, die Ihnen in Krisensituationen zur Verfügung stehen, bewahren Sie davor, ganz den Halt zu verlieren. Sich anderen Menschen anzuvertrauen, kann existentielle Sicherheit bedeuten. Unterschätzen Sie nicht, wie schwer und dramatisch manche Situationen sein können. Keine falsche Scham! Die meisten Menschen sind sehr glücklich, wenn sie helfen können.

9. Habe immer mindestens einen Plan B.

Durchdenken Sie verschiedene Szenarien

Aus eigener Erfahrung weiß ich, dass ein simpler Plan B manchmal zu wenig ist. Keiner hindert Sie jedoch daran, mehrere Pläne bereit zu haben. Es liegt an Ihnen, wie viele Aktionen Sie sehen, denken und realisieren möchten. Mehrere Optionen geben uns die Wahl und eine gewisse Sicherheit, dass wir immer noch handeln können.

Klappt die geplante Variante 1 nicht, dann haben wir immer noch Variante 2. Und noch mehr Freiheit oder Hoffnung können Sie bekommen, wenn Sie noch eine 3. Variante haben. Die dritte Option lässt uns nicht zwischen zwei Strohhaufen verhungern. Erinnern Sie sich an die Geschichte mit dem Esel, der fast verhungert, weil er sich nicht zwischen zwei Strohhaufen entscheiden kann?

In der Tetralemma-Arbeit[2] wird immer von zwei Entscheidungsmöglichkeiten berichtet, die sich zunächst auszuschließen scheinen. Das ist konkret das „Entweder“ und das „Oder“. Meist verzweifeln wir ja an der Entscheidung zwischen diesen beiden Optionen. Dann gibt es die dritte Position: „keins von beiden“. Selbst diese Position empfinden wir meist schon als Rettung. Erleichternd wirkt die

2 Die Tetralemma-Arbeit habe ich bei Insa Sparrer und Matthias von Kibed kennengelernt. Es ist eine Haltung und Methode in der systemischen Aufstellungsarbeit, bei der von 4 Positionen ausgegangen wird. Sie bietet die Lösung in einem Dilemma an.

vierte Position: „Etwas ganz anderes." Selbst das reicht nicht immer aus. Deshalb gibt es die fünfte Position:„All das nicht und selbst das nicht!"

Effekt:
In einer Krisensituation, in Situationen von Überforderung und Hilflosigkeit, ist der Gedanke an Plan B schon eine kolossale Rettung. Sie haben die Situation ja schon einmal im Kopf durchgespielt, sehen noch eine andere Möglichkeit und verspüren deshalb eine größere Handlungsfähigkeit. Somit können Sie kompetenter sein.

10. Es ist egal, was die anderen denken.

Stehen Sie zu Ihrer Situation

In Krisenzeiten sollten Sie Ihre Kraft darauf verwenden, Ihre Situation zu verbessern, statt Imagepflege zu betreiben. Früher haben Sie vielleicht gelernt, dass Sie sich für bestimmte Fehler oder Verhaltensweisen schämen müssen. Aber fragen Sie sich ehrlich, ob es sich jetzt wirklich lohnt, sich zu schämen, oder ob dies ein Moment ist, etwas von sich zu zeigen, was Sie noch kostbarer macht. Damit meine ich so etwas wie Courage. Wer offenen Auges dazu steht, dass es gerade schwer ist, oder über eine persönliche Trauer spricht, der gewinnt an Ansehen. Er kann sogar für andere durch seine Ehrlichkeit ein Vorbild sein.

Effekt:
Ihre ehrliche Hinwendung zu anderen, indem Sie offen sind und erzählen, was gerade passiert, oder auch Hilfe annehmen, erlöst Sie von falsch verstandener Imagepflege. Gleichzeitig hilft es, Ihre Kraftreserven zu schonen. Denn ein „so tun als ob" kostet Kraft.

Fazit

„Du schaffst das schon" – dieser unermüdliche Glaube an die eigenen Fähigkeiten beflügelt. Glauben Sie selber daran, dass Sie es schaffen. Es geht immer weiter. Wenn es Ihnen das zurzeit nicht ganz gelingen sollte, bleiben Sie, ähnlich wie ein Boxer nach einem Knock-out, ruhig eine Weile am Boden liegen. Der Glaube kommt schon! Darauf können Sie vertrauen. Ihr Lebenswille ist viel kräftiger, als Sie denken.

Vielleicht sind Sie jetzt schon ein wenig ruhiger und können sich etwas aufmerksamer Ihrer Krise, Ihrer existenziellen Not zuwenden. Das war der Sinn dieses ausgeworfenen Rettungsrings. Das ganze Prinzip „Du schaffst das schon" und auch die oft wissenschaftlichen Begründungen für die 10 Leitsätze stelle ich Ihnen im Kapitel 5 genauer vor.

Lassen Sie uns zunächst damit beginnen, Ihre Krise zu erforschen, sie einmal aus theoretischer Sicht zu betrachten. Lassen Sie uns herausfinden, was eine Krise eigentlich ist. Denn auch Krisen folgen einem Muster – was Ihre Krise und Sie nicht weniger einzigartig macht. Es hilft Ihnen aber, dem Ganzen auf den Grund zu gehen – mit vielen Helfern, die Ihnen zur Seite stehen, um damit Ihre Krise leichter zu akzeptieren.

Krisen – eine kleine Portion Theorie

2

Sie wissen es längst: Sie sind nicht der einzige Mensch, der eine Krise durchleben muss. Unser Leben wird immer wieder durch Krisen beeinflusst. Bankenkrise, Schuldenkrise, Staatskrise, Umweltkrise und viele mehr. Die Presse ist voll von Schicksalsschlägen, an denen Menschen leiden oder sogar zerbrechen. Und andere Krisen, wie z. B. die Pubertät, gehören zum normalen Alltag dazu.

Aber immer wieder gibt es Menschen, die eine Krise überwinden: eine schwere Krankheit, den Tod des Partners, die Trennung vom geliebten Menschen, eine Naturkatastrophe oder ähnlich dramatische Situationen. Menschen wachsen durch Krisen. Wäre das nicht so, gäbe es die Menschheit schon lange nicht mehr.

Wir bewältigen also weitaus mehr, als wir denken. Dazu müssen wir allerdings die Vorstellung ablegen, dass Leben müsse lustig, leicht und schön sein. Das ist es nicht. Es ist keine Hochglanzverpackung mit ganz viel Glamour, sondern es ist eine Existenz mit Höhen und Tiefen: mit Glück und Unglück, Gewinn und Verlust, Freude und Traurigkeit. Das eine braucht das andere.

Der „Rettungsring“, den ich Ihnen in Kapitel 1 zuwarf, hat Sie hoffentlich ein wenig beruhigt. Wenn Sie jetzt noch erfahren, was eine Krise eigentlich ist, wie sie verläuft, warum es so schwer ist, sie zu meistern – und wie Sie trotzdem daran wachsen können, wird es Ihnen leichter fallen, Ihre Krise aktiv anzunehmen. In diesem Kapitel möchte ich also mit Ihnen einen Ausflug in die wissenschaftliche Erforschung von Krisen unternehmen.

2.1 Der Begriff „Krise"

Der Begriff „Krise" findet sich im Griechischen. Dort steht er zunächst für „Meinung", „Beurteilung" und „Entscheidung", viel später dann auch für „Zuspitzung". Immer bezeichnet der Begriff Krise eine problematische Situation, bei der es einen Wendepunkt gibt und ganz wesentliche Entscheidungspunkte.

Der Scheitelpunkt einer Krise offenbart sich erst im Rückblick

Interessant ist, dass der Wendepunkt meist erst im Nachhinein als solcher bezeichnet werden kann. Er offenbart sich sozusagen erst, wenn die Krise überwunden ist, wenn über sie reflektiert werden kann oder sie abgewendet wurde.

Im deutschen Sprachgebrauch tauchte der Begriff „Krise" zum ersten Mal im 16. Jahrhundert und hier ganz speziell im Zusammenhang mit dem Verlauf von Krankheiten auf: Als „Krise" bezeichnete man die sensible Krankheitsphase bei Infektionen. Damals gab es noch keine Antibiotika, man musste also ganz auf die Heilkraft des Körpers vertrauen. Das Ansteigen des Fiebers markierte den Beginn der Krise. Sank es schließlich, war die Infektion meist überwunden.

2.2 Kennzeichen einer Krise

Anthony J. Wiener und Herman Kahn haben folgende Charakteristika einer Krise ausgemacht:

Merkmale persönlicher Krisen

- Handlungsentscheidungen sind dringend notwendig, werden aber nicht getroffen.
- Es herrscht ein Gefühl der Bedrohung.
- Unsicherheit, Dringlichkeit und Zeitdruck steigen an.
- Man hat das Gefühl, dass das Ergebnis der Krise einen wichtigen Einfluss auf die eigene Zukunft haben wird.
- Es gibt fast nur unvollständige oder verfälschte Informationen über die Situation, in der man sich befindet.
- Es herrscht Verzweiflung, Angst, Zorn oder Wut vor.

Wie im Vorwort bereits geschrieben, eignet sich mein Buch nicht für Sie, wenn Sie sich in einer psychischen Krise befinden. Wenn Sie merken, dass Sie Ihren Alltag nicht mehr selbst bewältigen können, suchen Sie unbedingt therapeutische Hilfe!

Die oben genannten Merkmale beziehen sich auf persönliche Krisen, die uns auf unserem Weg durchs Leben oft aus heiterem Himmel treffen, wie Krankheit, Verlust des Arbeitsplatzes oder Trennung von einer geliebten Person oder deren Tod.

Meine große persönliche Krise

Als meine Mutter vor knapp zwei Jahren plötzlich starb, erlebte ich eine solche persönliche Lebenskrise. Wir hatten viele Facetten einer lebendigen Mutter-Tochter-Beziehung hinter uns. Es gab Jahre des Schweigens und des reduzierten Kontakts. Es gab Phasen der gegenseitigen Zumutung und Offenheit, der heftigen Auseinandersetzung, in der wir uns über Jahre Angestautes sagten. Es gab Zeiten des Wachstums, der Integrität. Jede von uns hat auf ihre Weise den Frieden im Miteinander geschaffen.

Meine Mutter arbeitete in ihren letzten Lebensjahren intensiv an ihrer Integrität, das heißt, dass sie mit den Ereignissen in ihrem Leben im Rückblick Frieden schloss und sie wie Perlen einer Kette auf ihrem Lebensweg betrachtete und damit ihre Identität stärkte. Sie erweckte den Eindruck, ihr Lebenswerk vollbracht zu haben. Sie sorgte in ihrer engeren und weiteren Umgebung für Versöhnung, Frieden und Harmonie.

Als sie starb, war ich nicht in ihrer Nähe. Ich erfuhr erst einen Tag vor ihrem Tod, dass es ihr nicht gut ging. In der Nacht beschlich mich eine Ahnung, dass ihr Leben zu Ende gehen könnte. Aber ich hatte ein Seminar zu geben und konnte nicht einfach fort. Am nächsten Tag war sie tot. Erst drei Monate später konnte ich darüber schreiben:

„Mein größter Fan ist tot! Seit Jahren hat sie an mich geglaubt, mir stärkend die Hand auf die Schulter gelegt, und jetzt ist sie tot, nicht mehr da, unwiderruflich aus meinem Leben verschwunden. Nichts ist mehr wie vorher, auch jetzt – fast drei Monate später – ist die Welt eine andere, eine ganz andere.“

Der erste Abschied ohne Mutter, wie der Trauerredner sagte. Sonst war sie doch irgendwie immer da. Auch aus der Ferne, selbst in Zeiten von Konflikt, Ablösung, Ungeklärtem und Schweigen, war sie uns zur Seite, uns Kindern. Egal ob wir drei Jahre alt waren und ein Stückchen Schokolade auf das aufgeschlagene Knie bekamen, ein verständnisvolles Nicken beim ersten Liebeskummer oder ein „Ich glaub an dich" bei schweren Lebenskrisen.

„Alles um mich herum war schwer, langsam und doch wieder viel zu schnell. Alles war unwichtig, nichts mehr zählte bei dem Satz ‚Mutti lebt nicht mehr', den meine Schwester am Telefon sprach. Und ich musste antworten: ‚Sabine, ich kann hier nicht weg. Wir haben noch den ganzen Tag Training und morgen auch. Ich kann also erst am Donnerstagabend da sein.' Ich war also noch in der Lage, „normal" zu denken. Dann aber saß ich im Gras, und ich weinte. Eine tiefe Traurigkeit, Unfassbarkeit und Angst befiel mich. Es war mir vollkommen egal, was meine Seminarteilnehmer über mich dachten, während ich weinend und schluchzend, redend auf dem Rasen hockte. Ich weinte, weil es nichts anderes in mir gab als Schmerz, Verlust und Trauer. Der wichtigste Mensch in meinem Leben sollte nicht mehr leben. Aufgehört haben zu atmen, nicht mehr auf seinem Sofa sitzen, ‚Mäuschen' sagen und oder mit mir telefonieren! Ich konnte und kann es nicht glauben. Seit eh und je war sie da. In ihrem Körper bin ich gewachsen, in ihrer Seele groß geworden. Diverse Krankheiten hat sie überstanden, ihre Frau gestanden, und war immer da. In meinen Gedanken, in meinem Leben.

Meine Schwester war mir an diesem Tag ungewohnt nah. Ich rief sie noch einmal an, um bei ihr zu sein. Das Handy am Ohr versicherte mir, dass sie da war. Wir spürten beide, dass uns der Tod unserer Mutter wieder zusammenbringt. Vereint, außer unserer Vergangenheit die einzige Gemeinsamkeit. Uns beiden ist der wichtigste Mensch verloren gegangen. Sie erzählte, wie es passiert war, vom Krankenwagen, vom Arzt und auch der Polizei. Ich war verwirrt. Wieso Polizei? War denn nicht alles mit rechten Dingen zugegangen? Nein, war es nicht. Man fragte sich, warum sie so schnell gestorben ist. Gestern sagte der Hausarzt doch noch, dass das alles nicht besonders schlimm sei.

Meine Mutter konnte noch nicht einmal zu Hause ruhen, in Ruhe den Übergang in eine andere Form und Welt finden. Ich würde sie nicht mehr in der gewohnten

Umgebung sehen. Ich fühlte nur noch Schmerz. Ich konnte es nicht ändern, war zu weit weg, Gesetze und Vorgaben und ein schnell funktionierendes Gewerbe um unsere Toten herum. In die Gerichtsmedizin? Edelstahlbahren in großen Kühlschränken. Ein Tuch darüber. Im Stehen angucken, Fremde dabei, im Fernsehen vielfach gezeigt. Und nun sollte Mutti dort liegen. Meine über alles geliebte Mutter. Inmitten vieler Toter in einem Kühlraum, nackt, faltig, gezeichnet durch Alter und Krankheit. Allein. Untersucht mit professionellem Blick. In ihr Intimstes, Einziges hineingeschaut, das Herz und den Kopf. Nichts hielt meine grausamen Gedanken zurück. Die Vorstellung von meiner Mutter in der Pathologie trieb mir die Tränen in die Augen. Nicht sie. Anhalten wollte ich, alles anhalten, die Zeit, die ganze Welt. Schreien. „Gebt ihr doch Ruhe, lasst sie doch ungestört hinübergehen, mit uns, ihren Lieben um sie herum. So können wir Abschied nehmen.“

Andere Gedanken drängelten sich dazwischen. Alles war neu. Alles wollte ich anders haben. Ich wollte klein sein, ich wollte bei meiner Mutter sein. Ich bereute es, sie vor Kurzem nicht besucht zu haben. Viel zu fest war mein Glaube, dass meine Mutter, obwohl seit Jahren krank, schwer krank, auf einmal nicht mehr sein sollte. Sie, die Lehrmeisterin für ‚ich schaffe das'. Alles überstanden, nur den Tod nicht.“

Geblieben ist mir ein Konglomerat aus Erinnerungen, aus Gewohnheiten und tiefer Liebe. Es vergeht nach wie vor keine Minute am Tag, wo ich nicht einen Wimpernschlag lang an sie denke. Langsam baue ich auch die Gegenstände, die mich an sie erinnern, um mich herum auf. Verwende sie andächtig oder auch schon mal unbewusst. Oft trage ich ihre Schürze in der Küche – nicht weil sie schön ist, im Gegenteil, sondern weil es ihre ist. Die sie so oft trug, wenn sie in ihrer Küche stand, kochte und sich die nassen Hände daran abwischte. Eine Geste, die ich geerbt habe. Wie viele andere. Es gibt jetzt wieder Tage, da gehe ich nicht mehr intuitiv zum Telefon und möchte sie anrufen. So wie ich es jahrelang tat, der wöchentliche Anruf. Und voller Freude esse ich nun den Salat, den eine gute Freundin am liebsten in der Salatschale meiner Mutter zubereitet.

Mein Leben hat viel Sterben erlebt. Ich begann als Praktikantin in der Altenpflege und blieb diesem Berufsfeld mehr als 15 Jahre treu. Vom ersten Tag an wurde ich mit Tod und Sterben konfrontiert. Bezaubernde und grausame Momente, beeinflusst durch den Menschen, seine jeweilige Umgebung und die Sterbekultur.

Viele Nächte habe ich an Betten gesessen oder mich dazugelegt, in meinen Armen gewogen, Hände gehalten, Gesichter gestreichelt, Zuspruch und Nähe gegeben; Postkarten von Kindern vorgelesen, die gerade in der Ferne waren, Episoden, Akzente oder Nuancen geflüstert, um einen geachteten Rückblick auf individuelle Lebenswerke zu ermöglichen, auf den Atem gelauscht, gebetet, gesungen, geschlafen, Stille und Raum gegeben, geschützt und geöffnet. Wache bei Sterbenden gehalten, ihnen und mir zuliebe, um ein friedliches, ruhiges Ende zu schenken, Händchen zu halten gegen Einsamkeit und Angst vor dem Ende. Tief in meinem Innern habe ich die Gewissheit, dass meine Mutter wusste, dass sie gut sterben konnte, auch wenn ich nicht da war. Weil ich das Sterben kenne, weil wir beide uns in diesen Stunden nah waren. Und sie wusste, dass sie es mir zumuten konnte, nicht dabei zu sein.

2.3 Ursache unserer Krisen

Die Frage nach dem Sinn des Lebens oder Sinn unseres Handelns begleitet uns ständig, bewusst und unbewusst. Wer möchte schon etwas Sinnloses tun? Wer will schon still und leise leben und ebenso still verschwinden? Andersherum: Wer möchte nicht, dass seine Kinder und Enkel oder andere Menschen sich an ihn erinnern?

Resilienz durch unseren Sinn des Lebens

Eine der häufigsten Ursachen für Krisen ist die Sinnfrage im Leben. Oft fragen wir nach dem Sinn in unserem Leben, in unserer Arbeit, in unserer Familie, in unseren Beziehungen, in unserer Freizeit fragen. Erst wenn wir diese Frage endgültig beantworten können, haben wir die innere Stärke und Integrität, die uns Katastrophen, Herausforderungen und weitere Krisen durchleben und bewältigen lassen. Wir verfügen dann über Resilienz, also eine besondere Widerstandsfähigkeit gegenüber den Anforderungen des Lebens.

Unser Leben braucht ein Ziel, es braucht einen Sinn. Und wir sind dazu da, ihm einen Sinn zu geben. Solange wir diese Aufgabe nicht annehmen, führt uns das Leben (oder das Schicksal) immer wieder zum Ausgangspunkt dieser Frage zurück – in diesem Fall in die nächste Krise. Weitere Folgen können dann chronische oder psychosomatische Krankheiten sein, verschiedene Formen der Selbstentfremdung, Burnout und andere Zustände von empfundener Sinnlosigkeit. Wenn wir unsere Krisen nur oberflächlich bearbeiten, lösen wir die aktuelle Aufgabe, die das Leben uns gibt, also nicht, vermeiden wir die wirkliche Auseinandersetzung mit dem Anliegen dahinter und werden mit der nächsten Krise konfrontiert.

Ungelöste Krisen können Sie sehr leicht erkennen:

Merkmale ungelöster Krisen

- Sie erleben eine Situation, die Sie schon mehrfach durchlebt haben, wenn auch unter anderen Umständen und mit anderen Menschen.
- Sie haben immer wieder mit den gleichen Personen die gleichen Konflikte auszutragen.
- Es wird eine Aufgabe an Sie herangetragen, die Sie schon mehrfach zu erledigen hatten und auch scheinbar erfüllt hatten.
- Es tauchen immer wieder die gleichen Schwierigkeiten in Ihrem Leben auf, Sie werden belogen oder man spricht schlecht über Sie. Freunde wenden sich scheinbar ohne Grund plötzlich gegen Sie oder Sie verlieren immer wieder Ihre Partner, meist auch noch in ähnlichen Situationen.
- Sie bekommen immer wieder die gleichen Krankheiten, den gleichen Schnupfen jedes Jahr zur gleichen Zeit oder in der gleichen Situation.
- Der gleiche Konflikt wiederholt sich mit immer anderen Personen.
- Sie erleben mit einem neuen Partner die gleiche Schwierigkeit, die Ihre letzte Partnerschaft scheitern ließ.[3]

Sie können Ihre Lebensbereiche auf diese Hinweise hin überprüfen. Wiederholen sich die Schleifen und Punkte, dann ist es sinnvoll, dass

3 Tepperwein 2011, S. 20

Sie diese Kreisläufe unterbrechen und sich mit den tatsächlichen Fragen und Aufgaben Ihres Lebens beschäftigen.

Der Wechsel unserer Lebensphasen als Krisenherd

Die einzelnen Lebensphasen wie Geburt, Trotzphase, Schulzeit, Pubertät, Berufswahl, Partnerschaft, Gründung einer Familie, Ablösung von den Eltern, Krankheit, schwindende Jugend, Alter, die Endlichkeit des Lebens und der Tod gehen nicht nahtlos ineinander über. Viele Krisen liegen genau an diesen Übergängen, in diesem Schwebezustand: Das Bisherige gilt nicht mehr, etwas Neues ist noch nicht da, Übergang und Transformation brauchen unsere Aufmerksamkeit. Oft helfen uns Krisen, diese wichtigen Lebensübergänge zu identifizieren. Erst in der Krise wird uns bewusst, wo wir gerade stehen und dass sich unser Leben ändert. Im folgenden Gleichnis wird sehr schön illustriert, warum manche Krisen einfach notwendig sind.

Das Schmetterlings-Beispiel

„Ein Mann fand einen Schmetterlingskokon und nahm ihn mit nach Hause, um den Schmetterling schlüpfen zu sehen. Eines Tages wurde eine kleine Öffnung sichtbar. Während mehrerer Stunden kämpfte der Schmetterling, doch es schien, als könne er seinen Körper nicht über einen bestimmten Punkt hinausbringen. Da glaubte der Mann, dass etwas nicht richtig sei, und nahm eine Schere, um den Rest des Kokons aufzuschneiden. Der Schmetterling schlüpfte mit Leichtigkeit heraus: ein großer, aufgedunsener Körper mit kleinen, schrumpeligen Flügeln. Der Mann dachte, dass sich die Flügel in ein paar Stunden zu ihrer natürlichen Schönheit entfalten würden, doch es geschah nicht. Anstatt sich in ein Geschöpf zu verwandeln, das frei war zu fliegen, verbrachte der Schmetterling sein Leben damit, einen geschwollenen Körper und aufgedunsene Flügel mit sich herumzuschleppen. Der enge Kokon und der Kampf, der nötig ist, um durch die enge Öffnung hindurchzuschlüpfen, sind der Weg der Natur, Flüssigkeit vom Körper in die Flügel zu zwingen. Der ‚gnadenvolle' Schnitt war in Wirklichkeit grausam. Manchmal ist ein Kampf genau das, was wir brauchen."[4]

Der Vergleich mit dem Schlüpfen des Schmetterlings steht für das Durchkämpfen und Durchleiden einer Krise, die einer Geburt nicht unähnlich ist.

---

4 Blenk 2003, S. 174

2.4 Krisenmodelle

Modelle und Konzepte von Krisen helfen uns dabei, Orientierung zu finden, wenn es scheinbar keine Richtung mehr gibt. Aus der Fülle von Modellen habe ich nur einige herausgesucht, die Ihnen zeigen sollen: Krisen sind so normal, so sehr Teil des menschlichen Lebens, dass sich viele Experten mit ihnen beschäftigen. Zum Glück bleibt es nicht bei der Strukturierung von Krisen, sondern es gibt viele Modelle, die Ihnen Zuversicht, Rettungsring und Sicherheit vermitteln können.

Die fünf Säulen der Identität

Das Krisenmodell des deutschen Psychologen Hilarion Petzold beschreibt fünf Säulen, auf denen unser Leben fußt. Jede Säule bietet Stand und Sicherheit, ist aber auch zugleich eine Angriffsfläche für Krisen. Und zugleich ist jede Säule auch in einer Kohärenz mit den anderen Säulen. Die Basis von Petzolds Krisenmodell ist die Identität des Menschen, seine allumfassende Wesenseinheit und Einzigartigkeit. Dieses Modell bietet eine Möglichkeit der Reflexion oder Analyse, wo die Krise liegt, wo sie ihre Ursache hat und oder wo sich ihre Auswirkungen zeigen. Letztlich ist die menschliche Identität ein lebenslanger Entwicklungsprozess. So kann eine Krise durch ein fehlendes Selbstbild bzw. Selbstwertgefühl entstehen, aber genauso auch durch ein übertriebenes Selbstwertgefühl. Lebenslang entwickeln und verändern wir uns durch die Auseinandersetzung mit uns und unserer Umwelt.

1. Säule: die Leiblichkeit

1. Säule: Der Körper als unser Zuhause

Gemeint sind Psyche, Geist, Seele, und Körper. Leiblichkeit umfasst unsere Gesundheit, unsere Beweglichkeit und unser Wohlbefinden. Natürlich auch unsere Sexualität, unsere individuelle Belastungsfähigkeit und all unsere Gefühle, Lüste und Sehnsüchte. Einfach gesagt: das Gefühl, im eigenen Körper zu Hause zu sein. Unsere Leiblichkeit könnte gefährdet sein durch einen Alterungsprozess, durch eine Krankheit mit schweren Folgen für unser Leben und unseren Körper, ebenso durch Einflüsse von außen, wie z. B. einer Naturkatastrophe, deren Folgen uns schaden könnte.

2. Säule: unser soziales Netzwerk

2. Säule: Die uns nahestehenden Menschen

Zum sozialen Netzwerk gehören unsere Freunde, unsere Familie, die Menschen am Arbeitsplatz, unsere Beziehungen, Ehe, Partnerschaft, die Menschen, mit denen wir unsere Freizeit gestalten, Vereine und andere ... Ein Zusammenbruch oder eine Beschädigung des sozialen Netzwerkes kann eine existenzielle Krise auslösen. Hier gehört der größte Stressor des Menschen hinein: der Tod oder Verlust einer geliebten Person. Es sind andere Menschen, die unsere Persönlichkeit und Identität prägen. Wobei auch in jedem unserer Netzwerke Menschen sind, die uns nicht wohlgesonnen oder gar feindselig sind. Mobbing und Ähnliches gehören zum Alltag. Auch Stalking ist eine Form, die ein soziales Netzwerk negativ prägt. Je nachdem, wie bedeutsam die Menschen in unserem Netzwerk sind, bedeutet ihr Verlust oder die Trennung von ihnen eine sehr dramatische Krise.

3. Säule: Arbeit, Leistung und Freizeit

3. Säule: Unsere Tätigkeiten

Das Bedürfnis, tätig zu sein und etwas zu schaffen, ist zentral für unser Wohlbefinden. Unsere Tätigkeiten oder auch die Arbeit, mit der wir uns identifizieren, bestimmen unseren Selbstwert und unsere Weiterentwicklung. In unserer Kultur und unserer Gesellschaft ist es sehr bedeutsam, welche Arbeitsleistung wir erbringen. Daran bemisst sich unser Status sowie unsere Entlohnung bzw. Honorierung. Auch unsere eigene Arbeitszufriedenheit, unsere Erfolgserlebnisse und die Freude an der eigenen Leistung sind zentrale Aspekte dieser Säule. Zu den Schattenseiten dieses Aspektes gehören entfremdete Arbeit oder auch Versklavung, Arbeitsüberlastung, überfordernde Leistungsansprüche. Konflikte am Arbeitsplatz und die Tatsache, dass wir irgendwann nicht mehr arbeiten, wirkt sich auf unsere Identität aus. Der Verlust der Arbeit und oder auch der eigenen Leistungsfähigkeit kann bedrohlich sein und kann zu einer persönlichen Lebenskrise führen. Auch wenn Arbeitslosigkeit inzwischen ein Massenphänomen geworden ist, bedeutet es einen massiven Bruch auf dem Lebensweg.

4. Säule: die materielle Sicherheit

Ohne Nahrung und Flüssigkeit können wir nur eine gewisse Zeit existieren. Zur materiellen Sicherheit gehören auch unsere Kleidung und andere Bedarfsartikel des täglichen Lebens. Einkommen, Geld, Wohnung oder Haus bieten uns Sicherheit. Fehlende materielle Sicherheiten belasten unsere Identität. Haben wir kein Geld mehr oder keine Nahrung, geraten wir sehr schnell in eine Krise. Auf höherem Niveau ist selbst der Verlust von Bildung oder Weiterbildung etwas, was uns negativ beeinflusst. Fehlende materielle Sicherheiten können sehr schnell bedrohlich werden.

4. Säule: Essen, Trinken, Kleidung, Bildung

5. Säule: die Werte

Dies ist die Ebene von Moral, Ethik, Spiritualität oder Religion, Liebe, Traditionen und Glauben. Hier liegen unsere Sinnfragen, die gesellschaftlichen und persönlichen. Auch unsere persönlichen Werte und Normen kommen hier zum Tragen. Was halten wir für richtig? Wofür treten wir ein? Wovon sind wir überzeugt?

5. Säule: Unsere Werte und Normen

Krisen können eine oder mehrere Säulen betreffen und in einer Wechselwirkung miteinander stehen. Alle Interventionen zur Änderung von Ereignissen in einer dieser Säulen sollten meiner Meinung nach die Wirkung auf die anderen mit einbeziehen. Zu einer Identitätskrise kann es kommen, wenn eine oder auch mehrere Säulen wegbrechen oder sich so stark verändern, dass die anderen Säulen das nicht mehr ausgleichen können.

Eine solche fundamentale Krise erlebte ich nach der Geburt meiner Tochter. An dieser Krise wird für mich deutlich, dass wir niemals nur eine der Säulen betrachten können, sondern dass vieles andere auch mitgerissen wird, wenn das ganze Konzept ins Wanken kommt.

Meine große persönliche Krise

Als ich schwanger war, lebte ich mit meinem damaligen Mann in Berlin. Er arbeitete in einem Museum, was ihm zu der Zeit keinen Spaß machte. Ich arbeitete gerade als Pflegedienstleitung in einem Altenheim. Wie viele Eltern in dieser Situation überlegten wir hin und her, wie wir leben wollten. Wie und wo sollte unser Kind groß werden? Wer von uns würde arbeiten und wer blieb zu Hause? In der Zeit gab es noch nicht so viele Väter, die die Courage hatten, die ersten Monate oder Jahre zu Hause zu sein und nicht zu arbeiten, doch mein Mann entschloss sich dazu. Es gab ein paar Dinge, die wir nicht von der Hand weisen konnten, zum Beispiel die Schwierigkeiten, in einer Großstadt wie Berlin zu wohnen. Ich hatte meine Kindheit praktisch im Garten und auf der Straße verbracht, zwischen Sandkiste, Schaukel und Kirschbaum. Ähnliches wollte ich meinem Kind auch bieten, ein Leben in der Natur. Kurz vor der Geburt entschieden wir uns, nach Mecklenburg-Vorpommern zu ziehen. Ich fand eine Stelle als Pflegedienstleitung in einer Einrichtung an der Ostsee. Entzückt blickten wir in die Zukunft, sahen uns mit unserem Kind am Strand sitzen, während die Sonne langsam über der Ostsee unterging. Im Nachhinein war diese Blauäugigkeit ein fataler Fehler, der mich hat sehr blind werden lassen.

Wir vermieteten unsere Eigentumswohnung in Berlin, die wir gerade das Jahr davor gekauft hatten (spätestens hier hätten mir die Ohren klingeln sollen), und bezogen eine Wohnung in der Nähe von Stralsund – mit Blick auf Bodden und Wasser. Knappe drei Monate nach der Geburt meiner Tochter saß ich als Pflegedienstleitung am Schreibtisch, von morgens 8:00 bis mindestens 17:00 Uhr. Mein ständiger Begleiter war die elektronische Milchpumpe, die leise summend neben mir stand. Die Arbeit machte mir schon Spaß, meine Vorgesetzte schon weniger. Sie störte sich an meiner Ausbildung, an meinen neuen Ideen, wahrscheinlich auch meiner Jugend. Daraus wuchs innerhalb weniger Wochen eine heftige Mobbingsituation. Diese setzte mir sehr zu. Ich konnte nachts – neben dem Stillen – kaum schlafen. Ich fühlte mich unwohl, bekam Angst und war traurig. In den schweren nächtlichen Stunden zogen erste Anflüge von Reue und Bitterkeit in mein Gemüt. Hinzu kam meine Belastung als junge Mutter. Ich war den ganzen Tag bei der Arbeit, sah mein kleines Mädchen viel zu selten und hatte nie Zeit. Tagsüber vermisste ich sie sehr. Meine Sehnsucht wuchs prozentual zu der Anspannung am Arbeitsplatz. In den Nächten stillte ich mehrfach, tagsüber riss ich mich zusammen und versah meinen Dienst: übermüdet, unglücklich und gestresst. Mein damaliger Mann genoss überraschenderweise seine Aufgabe als Vater. Wenn ich abends nach Hause kam, stand er fast immer mit einer Windel über der Schulter am Wäscheständer oder ich sah ihn mit der Kleinen auf dem Arm herumgehen. Irgendwie genoss er die neue Situation. Trotz aller neuer Aufgaben und des „Mittelpunktes Baby“ in seinem Alltag schien er glücklich.

Bei der Arbeit spitzte sich die Situation zu. Meine Vorgesetzte gab mir Aufgaben, die mich absolut unterforderten. Auf – von mir initiierte – angeblich klärende Gespräche folgte keine Besserung. Die Wochen zogen dahin, es wurde viel zu schnell Winter, die Tage länger und mein Mann bekam kurzfristig einen Auftrag bei einer Kunsthalle in einer anderen Stadt. Eine Freundin zog mit ihrem Sohn – vorübergehend – bei mir ein, weil ich nicht allein sein wollte. Und weil ich auch überhaupt nicht wusste, wie ich das mit dem Säugling und der Arbeit alleine stemmen sollte. Außerdem konnte ich so weiterarbeiten, denn meine Tochter wurde nun von meiner Freundin versorgt. Dennoch ließen meine Kräfte nach. Der Stress bei der Arbeit nahm zu. Meine Chefin zog alle Register, um mir den Alltag schwer zu machen. Mir war zum Heulen. Ich entschied mich, das zu tun, was viele in dieser Situation auch getan hätten: Ich meldete mich krank. Ich war müde, erschöpft und überfordert, was die Ärztin sofort sah und ohne Zögern quittierte. Die Krankmeldung machte es mir möglich, mit meiner Tochter zu meinem Mann nach Bonn zu fahren. Und sie machte es mir möglich, aus dem Mobbing-Karussell meiner Arbeit auszusteigen und ein wenig Luft zu holen.

In dieser Woche merkte ich sehr genau, was mir alles fehlte. Ich weinte viele Stunden lang, war sorgenvoll und wurde immer ratloser. Meine Zweifel und Ängste zogen wie dicke Wolken in mein Gemüt. Mir wurde bewusst, wie wenig Zeit ich mit meiner kleinen Tochter in den letzten Wochen erlebt hatte. Ich begann zu ahnen, dass es ein Fehler gewesen war, in die Ernährerrolle zu gehen und nicht als Mutter bei meinem kleinen Mädchen zu sein. Das fühlte sich fürchterlich schwer an, denn so schnell konnte ich diesen Plan nicht ändern.

Die nächste Phase muss ich wohl unserer Jugend und unserer Unbedarftheit zuschreiben: Ich fühlte mich in meiner Arbeit nicht mehr wohl, die Anstellung meines Mannes in Bonn war zu Ende, als mir eine Zeitungsanzeige ins Auge fiel: „Naturkostfachgeschäft in Freiburg zu verkaufen oder zu vermieten“. Die Vorstellung, selbstständig zu arbeiten, Tag und Nacht zusammen zu sein und etwas Gemeinsames zu schaffen, zog uns magisch an. Zudem versprach diese Vorstellung, dass ich meine Tochter um mich hätte. Verzückt sah ich sie zwischen den Regalen voller Vierkorngetreide herumkrabbeln. Typisch für mich war, dass ich sofort ans Werk ging. Ich meldete mich kurzerhand für einen Fernlehrgang „Betriebswirtschaft im Naturkostfachgeschäft“ an. Während ich darüber schreibe, muss ich jetzt lachen. Das war so typisch für mich – gleich ins Tun zu kommen, um aktiv etwas zu verändern. Es dauerte nur wenige Tage, bis wir entschieden hatten, dass dies unser Weg ist. Ganz nach dem Motto meiner Mutter „das schaffst du schon“ kündigte ich meinen Job. Ein großer Schritt, denn damit gaben wir sämtliche Sicherheiten auf.

Mit der Folge, dass ich das Geld, das mein bisheriger Arbeitgeber für meine Weiterbildung bezahlt hatte, erstatten musste. Mit der Folge, dass wir kein Einkommen hatten. Mit der Folge, dass wir nun von Erziehungs- und Kindergeld lebten.

Einerseits war ich voller Tatendrang, anderseits saß mir Angst und Trauer in den Knochen. Doch damals – überfordert wie wir waren – machte uns das wenig aus. Wir hatten wohl, so denke ich jetzt, im Nachhinein, immer wieder daran geglaubt, dass „es schon wird“. Damit nahmen wir den Zweifeln den Boden. Wir kündigten unsere Wohnung und zogen zu Freunden, die uns ihren Dachboden überließen. Der Dachboden war nicht ausgebaut. Es wurde aber langsam Frühling und Frühsommer, sodass es erträglicher wurde, dort oben auf dem Fußboden zu schlafen, den Blick auf die Ostsee zu richten und in Bescheidenheit zu leben. Es war ein Abenteuer. Wir fühlten uns jung und frei. Wir verbrachten Stunden, in denen wir redeten, träumten und diskutierten. Auf den vielen Flohmärkten, wo wir Stück für Stück unseren Hausstand und scheinbar überflüssige Besitztümer zu schnellem Geld machten, erkannte ich schamvoll, dass wir von der Hand in den Mund lebten. Und dass sich das nicht gut anfühlte. Aber ich lag auch viele Nächte wach, weil ich meine Sorgen und Ängste kaum bändigen konnte. Meine Tochter wanderte von Arm zu Arm, denn jeder in diesem Haus mochte sie. Um es kurz zu machen: Mit dem Bioladen in Freiburg wurde es nichts. Wir hatten dann doch zu viel Angst davor.

Irgendwann überlegten wir zaghaft, ob wir nicht einfach nach Berlin zurückgehen sollten und von der Kunst meines damaligen Mannes leben sollten. Wir waren überfordert. Eine innere Stimme oder intuitive Eingabe suchten wir vergeblich. Auf ganz konsequent liebevolle Art mischte sich meine Mutter in mein Leben ein. Sie handelte unauffällig und sehr weise, indem sie sagte: „Mach doch das, was du am besten kannst, Barbara.“ Ich kann sehr gut pflegen und ich kann auch sehr gut Pflege-Planungen schreiben. Wenn Sie die Altenhilfe kennen, wissen Sie, wie wichtig diese Kompetenzen sind. Einfach gesagt: Der Satz meiner Mutter lud mich ein, eine meiner Kernkompetenzen wieder in den Blick zu nehmen.

Nun startete ich mein Notfallprogramm bzw. wurde einfach aktiv. Ich handelte, suchte und fand verschiedene Möglichkeiten und Lösungen. Was mir alles in den Sinn kam, mag ich kaum aufschreiben. Ich suchte nach Plätzen zum Leben, wälzte Stellenangebote und bewarb mich intensiv. Ich verzichtete auf die Vorstellung, mit meiner kleinen Tochter an der Seite eine Führungsposition zu besetzen. Das kam nicht infrage. Die Vereinbarkeit von Familie und Beruf war damals noch nicht leicht. Ich nahm mein, unser Leben in die Hand. In der Phase der inneren Einkehr kam ich wieder in den Kontakt mit meiner Intuition, inneren Kraft und meinem Überlebenswillen. Und diese sagte mir ganz deutlich, dass es gut sei, wieder in die Heimat zu ziehen. So sorgte ich dafür, dass wir drei nach Hannover zogen. Damit war ich in der Nähe meiner Mutter und konnte auch leichter wieder mit ehemaligen Freunden Kontakt aufnehmen. Ich bewarb mich als Altenpflegerin und machte dann Nachtdienst in Teilzeit. Mein Mann versuchte, sein Handwerk als Restaurator wieder auf freiberuflicher Basis aufzubauen. So fassten wir langsam wieder Fuß. Schritt für Schritt. Im Ganzen dauerte das ein Jahr – vom Anfang der Krise, die für mich eine tiefe, fürchterliche und bedrohliche existenzielle Krise war, bis zu dem Moment, in dem wir wieder Boden unter den Füßen hatten. Geholfen hat uns unsere tiefe Verbindung zueinander, die Liebe, das gemeinsame Vertrauen. Aber auch meine Kraft, Lösungen zu finden, sich auf etwas Neues einzulassen, und der Mut, einen ungewöhnlichen Schritt zu wagen und zu gehen, waren neben der Intervention meiner Mutter sehr wertvoll. Auch die Offenheit anderen, nahestehenden Menschen gegenüber. Ich denke, dass es uns geholfen hat, dass wir uns nicht geschämt hatten.

Das Modell der Sterbephasen

Dieses Modell der schweizerisch-US-amerikanischen Psychiaterin Elisabeth Kübler-Ross hat mich viele Jahre lang begleitet. Ich lernte es in der Ausbildung zur Altenpflegerin kennen und empfand es als sehr wertvolles Instrument, um dem Sterben gelassener entgegenzusehen und Menschen professionell begleiten zu können. Elisabeth Kübler-Ross und nach ihr andere Sterbeforscher erkannten eine typische Abfolge und Verläufe in der Zeit des Sterbens. Kübler-Ross gilt als Pionierin, wenngleich ihr Modell jetzt ein wenig in den Hintergrund rückt. Ich möchte es anführen, weil es sich gut auf andere Krisen-Kontexte übertragen lässt:

1. Phase: Nicht wahrhaben wollen

1. Phase: Die Wahrheit verdrängen

In der ersten Phase des Nicht-wahrhaben-Wollens streiten Ungewissheit und Unsicherheit miteinander. Erfährt man zum Beispiel von einer Krankheit oder dem bevorstehenden Lebensende, so hofft man und hat zugleich eine unglaubliche Angst vor dem, was kommen mag. Der Kranke oder Betroffene möchte Klarheit über die Art und Schwere seines Zustandes oder seiner Erkrankung haben. So stellt er Fragen, ist aber auch zugleich misstrauisch. Sehr schnell fühlen sich Menschen in dieser Phase isoliert. Sie möchten nicht sterben und verdrängen das mögliche Lebensende.

2. Phase: Zorn und Auflehnung

2. Phase: Die Wahrheit bekämpfen

Zorn und Auflehnung brechen sich Bahn. Der natürliche Verlauf der Krankheit soll aufgehalten werden, der Mensch möchte sich dagegen wehren. Einige verfallen in Rückzug und Depression, andere in offenen Protest. Auch Aggressionen oder aggressives Verhalten stehen auf der Tagesordnung, gegen sich selber oder die Umgebung. Die Auflehnung kann so stark sein, dass selbst ein Suizid erwogen wird. Der Mensch ist vor die Aufgabe der Todesbewältigung gestellt, ihr aber noch nicht gewachsen.

3. Phase: Verhandlung mit dem Schicksal

3. Phase: Die Wahrheit aufschieben

Oft beginnt der Mensch, mit dem Schicksal zu verhandeln. Es tritt eine kurzfristige Besserung ein oder der Krankheitsverlauf verlangsamt sich. Der Betroffene macht noch Pläne, möchte noch etwas ganz Bestimmtes erleben oder tun. Dieses Phänomen wird häufig von Mitarbeitern in Hospizen aufgegriffen: Sie möchten dem Menschen helfen, sich noch einen Traum zu erfüllen, wie zum Beispiel eine Reise ans Meer. Der Mensch wünscht sich eine Gnadenfrist. Und ist bereit, zu handeln. Doch fürs Handeln ist es zu spät.

4. Phase: Depression

Nach den Hoffnungen folgt die Enttäuschung. Die Krankheit lässt sich nicht behandeln, der Tod ist unausweichlich. Viele Betroffene werden depressiv bis hin zur Verweigerung der Nahrung oder auch der Ablehnung von Kontakten. Der Sterbende muss von vielen geliebten Menschen und Dingen Abschied nehmen. Es gibt vieles, was noch unerledigt ist und nicht mehr geklärt werden kann, auch das gilt es zu verabschieden.

4. Phase: Die Wahrheit als unausweichlich erkennen

5. Phase: Innere Ruhe

In dieser Phase entwickelt der Mensch eine Integrität oder innere Ruhe. So hat er zugleich die Kraft, seine Gefühle und Gedanken auszusprechen und Hilfe und Unterstützung zu akzeptieren. Der Betroffene ist bereit, den Tod anzunehmen und auf sein Leben zurückzublicken. Die Angst weicht einer Art Weisheit und der Klarheit, dass das Ende nahe ist und der Übergang beginnt.

5. Phase: Die Wahrheit akzeptieren

Im Modell von Kübler-Ross gibt es einige Aspekte, die für die Krisenbewältigung interessant sind. Insbesondere die Verhandlung mit dem Schicksal, denn natürlich können wir in einer Krise verhandeln. So kann es z. B. in einer Beziehungskrise möglich sein, als Verhandlungsangebot den Vorschlag einer Paartherapie zu machen. Auch der Aspekt des Nicht-wahrhaben-Wollens tritt in einer persönlichen Krise oft auf. Wir haben vielleicht noch keine ausreichende Information, um unsere aktuelle Situation einschätzen zu können. Oder wir trauen uns noch nicht, die komplexe Krise in unser Weltbild und unsere Vorstellung aufzunehmen. Wir wollen nicht wahrhaben, dass etwas nicht mehr stimmt. Auch der Zorn oder die Auflehnung kommen vielen von Ihnen sicherlich bekannt vor. Es ist eine häufige Reaktion, wenn wir mit etwas unzufrieden sind und am allerliebsten die anderen Menschen dafür verantwortlich machen. Interessant an dem Modell von Kübler-Ross ist auch der Aspekt, zum Ende hin innere Klarheit zu erlangen. Diese erlangen wir auch, wenn wir eine Krise mit allen ihren Schritten und Facetten durchschritten haben.

Die Trauer kommt in Wellen

Kübler-Ross räumt den Sterbephasen sehr viel Raum für Trauer ein. Auch dieser Aspekt ist wertvoll. Trauern ist im Wesentlichen eine Stressreaktion unserer Psyche. Trauern ist ein zutiefst menschlicher Prozess, der in Wellen verläuft. Trauern ist wie ein Pendel, das hin und her schwingt. An einem Tag richten wir unsere Aufmerksamkeit auf den Schmerz des Verlustes mit all seinen Folgen und Bedeutungen. Im nächsten Moment sind wir wieder im Hier und Jetzt, im direkten Lebensumfeld, und antworten auf aktuelle Anforderungen. Kurzfristig hellt sich unsere Stimmung auf, beginnt ein neuer Kontakt. Dann widmen wir uns dem nächsten Schritt des Trauerns. Wir portionieren sozusagen die Trauermengen, damit wir sie verdauen können. Ganz intensiv konnte ich das nach dem Tod meiner Mutter erfahren. Ich trauerte in Portionen, die gerade eben so für mich zu bewältigen waren.

Das Modell der logischen Ebenen

Ich möchte Ihnen ein weiteres Modell vorstellen, mit dem Sie Ihre Krise betrachten und analysieren können. Zugleich enthält es bereits mögliche Lösungsansätze. Es schafft meines Erachtens sehr viel Transparenz und Übersichtlichkeit, um genauer zu wissen, wie wir weiterkommen können.

Das Modell der logischen Ebenen (auch „Ebenen der Erfahrung“ genannt) stammt von Robert Dilts, einem äußerst kreativen Weiterentwickler des NLP, des Neurolinguistischen Programmierens. Dilts entwickelte ein einfaches, elegantes und vielfältig anwendbares Modell zur Beschreibung von „persönlicher Veränderung, Lernen und Kommunikation“[5]. Das Modell der logischen Ebenen ist ein Basismodell für viele kurze Interventionen. Im Wort selber liegt schon die Erklärung: Dilts spricht von Ebenen, die miteinander in Verbindung stehen. Jede übergeordnete Ebene organisiert die Information der darunterliegenden Ebene. „Der Kerngedanke des Modells besteht darin,

---

5 O’Connor & Seymour 1995, S. 133

dass Menschen ihre Erfahrung in sieben unterschiedlichen und mit jeder Stufe komplexer werdenden neurologischen Strukturen repräsentieren."[6]

Ich wende dieses Modell gern an, wenn ich etwas verändern oder herausbekommen möchte, wo ein Problem oder eine Lösung liegt. Auch in meiner ganz persönlichen Weiterentwicklung habe ich es immer wieder genutzt, um mir einen Überblick zu verschaffen, wo ich gerade bin, wo es ein Anliegen gibt oder einen Bedarf.

1. Ebene: Umwelt/Umgebung

Das ist alles, worauf wir reagieren: unsere Umgebung und andere Menschen, Situationen, Orte, Zeit – wir erfassen dies alles mit unseren Sinnen. Wir können die Umgebung bewusst wahrnehmen oder auch unbewusst. Unsere Umgebung bestimmt z. B. unser Verhalten und unser Befinden. So verhalten und fühlen wir uns in einer Kirche anders als zu Hause.

1. Ebene: Was wir erfassen können

2. Ebene: Verhalten

Die Umgebung bestimmt unser Verhalten, unsere konkreten Handlungen, Aktionen und Reaktionen. Zu Hause verhalten wir uns anders als zum Beispiel am Arbeitsplatz oder im Elternhaus. Unser Verhalten wird auch durch unsere Vorstellungen beeinflusst. Die Vorgabe, wie wir uns zu verhalten haben und was wir darüber denken, beeinflusst uns, ebenso wie unsere eigene Bewertung des Verhaltens anderer Menschen.

2. Ebene: Wie wir uns geben

3. Ebene: Fähigkeiten

Das sind alle Verhaltensweisen, allgemeinen Fertigkeiten und Strategien, die wir in unserem Leben nutzen. Die Fähigkeiten sind auch davon abhängig, wie wir aufgewachsen sind, wie wir sozialisiert wur-

3. Ebene: Was wir können

6 Isert & Rentel 2000, S. 51

den. Unsere Fähigkeiten können ganz unterschiedlich sein, je nach Mensch, Lebensform und Charakter variieren sie, beeinflusst durch viele verschiedene Faktoren, natürlich auch durch unsere Umgebung und unsere Fähigkeiten. Stellen Sie sich vor, Sie seien vor 400 Jahren Kind einer Bergarbeiterfamilie gewesen. Welche Fähigkeiten hätten Sie dann entwickelt statt derer, die Sie jetzt besitzen ...

4. Ebene: Glauben und Werte

4. Ebene: Was wir glauben

Das sind alle Leitideen, die wir für wahr halten (glauben) und als Grundlage unseres alltäglichen Tuns nutzen: Glaubenssätze und Einstellungen, Berechtigungen (Erlaubnis), Einschränkungen (Verbote). Wichtige Erfahrungen werden für die Zukunft verallgemeinert und spiegeln sich in unseren Überzeugungen und Glaubenssystemen wider. Die Ebene der Glaubenssätze und Werte wirkt sehr intensiv auf uns und unser Leben, denn darin finden wir die Richtschnur für das, was wir für gut oder für falsch befinden. Mit der Auswirkung, dass dies der Filter ist, die Brille, mit der wir uns und die Welt betrachten und urteilen. Diese Ebene wirkt sehr stark auf unseren Alltag und unsere Lebensführung. Denn wenn wir glauben zu wissen, was gut oder schlecht ist und wie dieses oder jenes zu sein hat, orientieren wir uns zumindest unbewusst an diesen Werten. Dies ist auch der Filter, mit dem wir andere Menschen betrachten. Ursachen für Krisen können sehr wohl auf dieser Ebene liegen und uns sehr beeinflussen. Der den Menschen innewohnende Kampf zwischen Freiheit und Sicherheit, den viele von uns über Jahre oder Jahrzehnte kämpfen, hat seine Wurzel auf dieser Ebene. Der Wert, Freiheit zu leben, wirkt konträr zu dem Wunsch und Bedürfnis nach Sicherheit

5. Ebene: Identität

5. Ebene: Wie wir wirklich sind

Unsere Identität ist eine sehr zentrale Ebene in diesem Modell. Sie ist unser Ich, die Vielfalt unserer Persönlichkeit, unser grundlegendes Selbstbild, unsere tiefsten Werte und unsere Aufgabe oder Mission in unserem Leben. Es ist die komplexe integrierte Abbildung oder Repräsentation in uns, die die Erfahrungen unseres ganzen Lebens zusammenfasst: Soziale, physiologische, systemische Aspekte werden zu einem „Bewusstsein unseres Selbst" verknüpft. Hier wird unterschieden, was zu uns gehört und was nicht. Auch Modelle wie das „innere Team" oder „Ich, Es, Über-Ich" berühren die Ebene der Identität. Eine Krise, die hier ihre Ursache hat, kann sehr dramatisch sein, denn sie beeinflusst und bewirkt vieles. Zum Positiven wie zum Negativen. Leben zwei Menschen zum Beispiel in einer ungesunden Beziehung, in der der eine den anderen kontinuierlich abwertet, um sich selber besser zu fühlen, kann es passieren, dass die Identität des Partners so sehr angegriffen ist, dass sie nicht mehr standhält und eine tiefe Identitätskrise oder chronische Krankheiten auslöst.

6. Ebene: Zugehörigkeit

6. Ebene: Wo unsere Wurzeln sind

Dies ist alles, was unsere berufliche, familiäre, gesellschaftliche oder wie auch immer geartete Zugehörigkeit betrifft: die Fähigkeit und Erfahrung, Teil eines Ganzen zu sein und auch jenes Ganze innerlich zu repräsentieren. Bezogen auf Menschen bedeutet Zugehörigkeit, unseren Platz in einer Gemeinschaft zu haben, mit anderen im Austausch zu stehen und eine Form der Verbundenheit zu erleben, wahrzunehmen, zu spüren. Es ist einerlei, wo wir uns befinden, wir spüren immer, wie wichtig die Zugehörigkeit zu anderen Menschen ist. Prof. Dr. Gerald Hüther und Christa Spannbauer sprechen von *Connectedness*. Mit Connectedness meinen sie eine Art innerer Verbundenheit. „Im englischen Sprachgebrauch wird dafür der Begriff connectedness benutzt. Darunter versteht man etwas anderes, etwas Bewussteres als das, was dort mit *attachment* oder *bonding* bezeichnet wird. Connectedness bedeutet, die Welt nicht als eine Ansammlung voneinander isolierter Teile zu sehen, sondern als ein lebendiges Netz, in dem alles miteinander verbunden ist und wechselseitig voneinander abhängig ist."[7] Später heißt es dort in einem Aufsatz von Hans-Peter Dürr: „Das heißt für uns Menschen, die wir in diesem Ganzen aufgehoben sind, dass wir zwar unterschiedlich und unterscheidbar, nicht aber getrennt sind. Wir befinden uns alle sozusagen in dieser Gemeinsamkeit, die wesentliche

7 Hüther, Gerald. Spannbauer, Christa. Connectedness. Verlag Hans Huber, Bern, 2012. S. 11

Voraussetzung dafür ist, dass wir überhaupt miteinander kommunizieren können. Es gibt nur wenige Wörter in unserer Sprache, die diese Verbundenheit zum Ausdruck bringen können. Für mich sind diese Liebe, Geist, leben. Die Verben sind hierfür noch besser geeignet: *Leben, lieben, fühlen, wirken, sein*. Was wir in jedem Falle sagen können ist, dass hinter allem eine Verbundenheit steht, die eine Offenheit aufweist und damit ungeahnte Möglichkeiten der Entwicklung bietet. Wir Menschen sind Teilhabende an einer unteilbaren Welt, integrierter Bestandteil eines lebendigen und kreativen Kosmos."[8]

Die Betrachtung des Aspekts der Zugehörigkeit kann sehr vielfältig sein. So können wir auf unsere liebsten Angehörigen blicken und uns zugleich zur ganzen Menschheit zugehörig fühlen oder auch einem Teil unserer Gesellschaft und Kultur. Auch hier können Krisen ihren Anfang nehmen. Viele Menschen erleben eine Krise, wenn ein geliebter Mensch stirbt oder sich von ihnen trennt. Dann findet auf dieser Ebene eine tiefgreifende Veränderung statt. Das Gefühl, allein zu sein, ist stark und ist das Gegenteil von dem, wie wir vorher lebten. Nach dem Tod meiner Mutter habe ich lange Zeit gebraucht, um zu erfahren, dass sie natürlich für mich präsent ist, aber ich in einer anderen, neuen Form der Zugehörigkeit zu ihr und meiner Familie lebe. Eine Krise, etwa in einer Familie, wird auch dann ausgelöst, wenn einer der Partner sich einen neuen Partner wählt. Das bringt das komplette System durcheinander und kann für denjenigen der beiden Eltern, der verlassen worden ist, der Beginn einer Krise sein und ebenso für die Kinder zu einem dramatischen Lebensereignis führen, mit dem sie noch lange zu tun haben.

7. Ebene: Spiritualität

7. Ebene: Warum wir da sind

Dies ist die höchste Ebene, auf der wir die wesentlichsten Fragen betrachten und umsetzen: Warum sind wir hier? Was ist der Sinn unseres Lebens? Spiritualität erschließt Wahrnehmungen und Erfahrungen

8 Hans Peter Dürr. Teilhaben an einer unteilbaren Welt. Erschienen in: Hüther, Gerald. Spannbauer, Christa. Connectedness. Verlag Hans Huber, Bern, 2012. S. 22

subtilster Art aus allen Zeiten und Räumen und verknüpft sie zu inneren Welten, Gestalten und Symbolen, oft zu Erfahrungen einer größeren Einheit, von vielen auch „Gott“ genannt. Die Ebene der Spiritualität findet sich in jeder Kultur. Die Auseinandersetzung mit der eigenen Spiritualität verändert sich im Laufe des Lebens und kann tiefe Sinnkrisen auslösen. Jede Veränderung auf dieser Ebene hat tiefgreifende Auswirkungen auf alle anderen Ebenen. In gewissem Sinn enthält sie alles, was wir tun, ist aber mehr als die Summe der Teile.[9]

Mein persönliches Beispiel

In den Jahren, als ich aktiv Sterbebegleitungen gestaltet habe, war es immer wieder faszinierend zu erleben, wie intensiv alte, speziell religiöse Menschen, durch ihren Glauben sicher in die Sterbephase gehen und sich hinübergeleitet fühlen. Und genauso gab es auch die Menschen, denen kurz vor dem Eintritt des Todes wahrlich heftige Zweifel kamen, ob es Gott wirklich gibt und wohin sie jetzt kommen. Ein Freund von mir lebte viele Jahre als Ordensbruder in einem Kloster. Er fühlte sich zu seinem Orden zugehörig mit allem, was er ist und war. Bis zu dem Tag, als ihm Zweifel kamen. Diese Zweifel trieben ihn so weit, dass er den Orden verließ und seine allumfassende Zugehörigkeit aufgab. Das war eine sehr intensive Zeit, die als Krise bezeichnet werden kann und ihren Anlass auf der Ebene der Spiritualität und damit dann auch der Zugehörigkeit hatte.

Gerade wenn Situationen besonders verworren sind, ist eine klare Sortierung der Gesamtsituation mit diesem Modell gut möglich. Denken Sie nur an das Notfallprogramm, das ich Ihnen vorhin gezeigt habe. Als Trainerin für Team- und Führungskräfteentwicklung habe ich Dilts’ Modell oft zum Einsatz gebracht. Die einzelnen Ebenen und ihre Hierarchie sind eine gute Grundlage dafür, Gewichtungen innerhalb von krisenhaften Prozessen vorzunehmen.

Mein persönliches Beispiel

Hier noch ein Beispiel:
Ein alter Freund von mir trennt sich gerade von seiner Frau, ein intensiver, schmerzhafter Prozess. Seine Umgebung verändert sich, weil er nicht mehr weiß, wo er leben wird. Auch der Platz, an dem seine Kinder leben, hängt in der Schwe-

---

9 Vgl. O’Connor & Seymour 1995, S. 132 sowie Isert & Rentel 2000, S. 51f.

be. Sein Verhalten ist anders. Vieles kann er gar nicht mehr so machen, wie er es gewohnt ist. Ständig reist er mit einem gepackten Koffer durch die Gegend. Er ist unsicher und kennt sich in vielem nicht aus. Seine Fähigkeiten sind beeinträchtigt. An seinem Arbeitsplatz kann er sich kaum konzentrieren, das beeinflusst seine Fähigkeiten. Da so vieles infrage gestellt ist, agiert er eher zurückhaltend. Er ist in vielem eher gedämpft. Um ab und an einen guten Moment zu erleben, macht er etwas, was er liebt. Er sägt voller Hingabe Holz für den Ofen. Dabei ist er draußen, genießt die Natur und die Arbeit mit der Säge. Seine Werte und sein Glauben sind zutiefst verändert, verletzt. In der aktuellen Trennungssituation hat sich noch kein neuer „Glaube" an etwas eingestellt. Auf dieser Ebene liegen besonders viele Schmerzen. Seine Zugehörigkeit hat sich kolossal geändert, denn die Hauptbezugsperson in seinem Leben gibt es nicht mehr. Es zeichnet sich auch noch keine neue Hauptbezugsperson ab – ihm fehlt sichtlich die Zugehörigkeit. Sein Herz ist noch nicht frei für jemand Neuen.

Die logischen Ebenen und ihre Bedeutung im Überblick

Umgebung	Die Umgebung macht den Unterschied: Es ist ein Unterschied, ob wir uns in einem Supermarkt, in einer Arztpraxis, in der Disko oder im Elternhaus befinden. Die Umgebung kann Sicherheit, Unsicherheit, Wohlbefinden oder andere Stimmungen bedeuten. **Auslöser von Krisen:** Wenn in Ihrer Umgebung eine Katastrophe geschieht, die Sie gefährdet, hat das Einfluss auf Sie. Etwa ein Amoklauf, eine Naturkatastrophe etc.	Wo, wann? Wo stehen Sie gerade? Wo leben Sie, wo arbeiten Sie? Was passiert (sinnlich wahrnehmbar)? Wann und wo geschieht etwas?
Verhalten	Sie wählen, passend zum Kontext, ein entsprechendes Verhalten aus. Im Wartezimmer eines Arztes verhalten Sie sich anders als auf einer Geburtstagsparty nachts um 01.00 Uhr. Ihr Verhalten als Mutter oder Vater ist ganz anders als das eines Singles. Ihr Verhalten wird auch durch Ihre Werte beeinflusst.	Was? Was genau tun Sie dort? Was sind Ihre Handlungen und Aktionen? Wie agieren Sie?

	Auslöser von Krisen: Gibt eine Religion oder eine gesellschaftliche Norm ein bestimmtes Verhalten vor, kann dies das Leben zerstören (die Beschneidung von Mädchen etwa). Ebenso kann das Fehlverhalten eines Mitmenschen (Gewalt, verbal und nonverbal, unvorsichtige Fahrweise, Demütigung) eine Krise auslösen.	
Fähigkeiten	Je nachdem, wo Sie sich befinden und was von Ihnen gewünscht wird, können Sie Ihre Fähigkeiten zum Einsatz bringen. Diese Fähigkeiten jederzeit nutzen zu können, scheint so lange selbstverständlich zu sein, bis sie zum Beispiel durch einen Unfall oder eine Krankheit nicht mehr zur Verfügung stehen. **Auslöser von Krisen:** Krankheiten	Wie? Wie tun Sie etwas? Welche Fähigkeiten haben Sie? Welche Ressourcen stützen Sie? Was sind Ihre ganz speziellen Kompetenzen? Was müssen Sie dazu wissen und können? Welche Strategien haben Sie?
Glauben und Werte	Ihr Glaube an sich, an Ihre Fähigkeiten und an Ihre Welt beeinflusst Sie zutiefst. Ihr Glauben an oder über bestimmte Menschen beeinflusst Ihr Verhalten ihnen gegenüber. Hört ein Kind den Satz „Du schaffst das schon", so erfährt es Bestätigung und Zutrauen. Wird ein Kind jedoch mit dem Satz groß „Das kannst du nicht – du bist zu dumm dazu", wird es nur schwer ein gesundes Selbstvertrauen entwickeln können. **Auslöser von Krisen:** Aktuelle Ereignisse, die durch den Glauben beeinflusst werden, unsere Werte werden verletzt. Das können sein: Ehebruch, Konflikte mit den Werten anderer Menschen, die Feststellung, dass eigene Werte nicht geachtet werden.	Warum? Was ist Ihnen wichtig? Warum genau ist das wichtig? Warum tun Sie das Ihrer Meinung nach? Warum sollte man das tun? Was motiviert Sie? Was denken und glauben Sie darüber?
Identität	Das, was Sie über sich denken und wie Sie sich in Ihren Rollen erleben, wie viel Sie von sich offenbaren, hängt auch von der Umgebung ab. Der Beginn einer möglichen Krise auf der Ebene der Identität kann	Wer? Wer sind Sie in der Situation? Wer sind Sie im Inneren, wenn Sie so handeln?

	einen tiefen Prozess der Persönlichkeitsentwicklung der Lebensveränderung mit sich bringen. **Auslöser von Krisen:** Jemand, der sein Leben selbst beendet, befindet sich meist in einer Krise auf der Ebene der Identität. Er oder sie hält sein Leben nicht mehr für lebenswert.	Wie sehen Sie andere? Wo stehen Sie dann in diesem System oder der Welt?
Zugehörigkeit	Ihre Zugehörigkeit ist vielfältig und bezieht auch die vielen Rollen ein, die Sie haben. Viele erleben die Zugehörigkeit zu einer Gemeinschaft als wichtig und wertvoll. Die Zugehörigkeit in Form von Freundschaft zu anderen Menschen ist stark. Die meisten Menschen leben sehr gern in Langzeitbeziehungen und Familien. **Auslöser von Krisen:** Tod, Trennung, aber auch Pubertät und damit neue Identitätsfindung.	Wer noch? Wo fühlen Sie sich zugehörig? Wer sind Sie im Inneren, wenn Sie so handeln? Wie sehen Sie andere? Wo stehen Sie dann in diesem System oder der Welt?
Spiritualität	Wofür stehen Sie ein? Was ist der Sinn für Sie – speziell auf Ihr Leben bezogen? In ganz unterschiedlichen Kontexten geht es hier auch um die Auseinandersetzung mit tieferem Verständnis des Mensch-Seins, der Auseinandersetzung mit einem humanistischen Menschenbild (oder einem anderen), das auch den Aspekt der Seele und des Geistes einbezieht. Und natürlich den Umgang mit dem Leben und dem Tod. **Auslöser von Krisen:** Zweifel an der Gesamtheit des eigenes Lebens, mangelnde Rückbindung (Spiritualität), innere Haltlosigkeit.	Wofür? Was ist Ihre Mission? Was ist der Sinn für Sie? Worin liegt für Sie der verborgene übergeordnete Sinn Ihres Tuns oder Ihrer Art zu sein? Was sind Ihre Wurzeln im Glauben?

Krisen – so bewältigen Sie sie

3

Die Ebenen und ihre Bedeutung im Überblick

Sie sind mittendrin in der Krise oder in der Erkenntnis, in einer Krise zu sein. Womöglich dreht sich noch alles und Ihre Gedanken sind von Angst oder Unsicherheit besetzt. Doch jetzt geht es darum, das Beste aus allem zu machen. Aus dem Jammern, dem Klagen und dem Gefühl, mit dem Rücken zur Wand zu stehen, herauszukommen. Das heißt nicht, dass negative Gefühle und Stimmungen keinen Raum haben dürfen. Im Gegenteil, sie zeigen doch immer wieder an, dass etwas nicht stimmt und nach Veränderung sucht. Aber nicht immer können wir selbst aktiv in der Außenwelt etwas verändern oder gestalten. Manches Mal reicht es vollkommen aus, die eigene Haltung zu ändern, die Gedanken und Interpretationen unserer Wahrnehmungen zu wechseln. Das können wir lernen. Oft genug erhalten wir Impulse aus unserer Umgebung, die uns umstimmen können, wenn es uns nicht selbst gelingt.

Ein wesentlicher Schritt ist meiner Meinung nach immer die Klärung – die Klärung von Situationen, Deutungen, Bewertungen und Interpretationen und möglichen Konsequenzen von etwas. Ein anderer wichtiger Schritt ist, die Achtsamkeit auf den Moment und das „Jetzt“ zu lenken. Zudem ist es hilfreich, die eigenen Kompetenzen zu nutzen und zu lernen, sie nach und nach, immer eine nach der anderen, anzuwenden und zu nutzen.

Wie Sie diese Schritte gehen können, zeige ich Ihnen in diesem Kapitel.

3.1 Rüstzeug und Meilensteine

Schauen Sie sich die Meilensteine einer Krise gut an – vielleicht genau jetzt. Gehen Sie wieder einen Schritt zurück und geben Sie Ihrer Krise eine Struktur. Ihren Charakter kennen Sie ja bereits.

Vorab drei wichtige Ratschläge:

- **Versuchen Sie die Situation objektiv zu beurteilen.**
  Sammeln Sie Informationen. Klären Sie Missverständnisse, Projektionen, fehlerhafte Vorhaben und Interpretationen.
- **Lassen Sie Ihren Gefühlen freien Lauf.**
  Starke Emotionen wie Trauer, Angst, Sorgen, Hilflosigkeit und andere unangenehme Gefühle müssen frei ausgedrückt werden.
- **Bitten Sie um Hilfe.**
  Damit drücken Sie anderen Menschen gegenüber auch Wertschätzung aus. Ein „Bitte hilf mir“ zeigt, dass Sie dem anderen diese Kompetenz zutrauen.

Auf den folgenden Seiten gebe ich Ihnen die Ausrüstung mit auf den Weg, die Sie brauchen, um einer Krise entgegenzutreten, und zeige Ihnen, woran Sie eine Krise erkennen und wie Sie herausfinden können, in welcher Phase der Krise Sie sich befinden.

Identifizieren Sie Ihre ganz persönliche Krise

Ermitteln Sie Ihren Standort in der Krise

Das Modell von Dilts (siehe weiter oben, „Das Modell der logischen Ebenen“) können Sie nutzen, um herauszufinden, wo Ihre Krise liegt. Und ich gebe Ihnen Hinweise, welches die ersten Schritte für Sie sein können. Lesen Sie die folgenden Fragen und achten Sie sorgsam darauf, ob etwas in Ihnen darauf antwortet. Glauben Sie mir, Sie werden es merken!

Umgebung

- Gibt es in Ihrer unmittelbaren Umgebung eine Bedrohung?
- Ist die Umgebung gefährlich, schadet sie Ihnen oder Ihrem Körper, Ihrer Seele, Ihrem Befinden?
- Gibt es eine latente Bedrohung Ihrer selbst oder Ihrer Lebenszufriedenheit auf der Ebene der Umgebung? (Auch der Kredit Ihrer Eigentumswohnung kann eine Belastung der Umgebung sein, da Sie nicht genießen können, was Sie haben.)
- Hat sich in Ihrer Umgebung etwas verändert, was Auswirkungen auf Sie und Ihr Leben hat?

Verhalten

- Gibt es ein Verhalten, das Sie gern loswerden möchten?
- Stellt das Verhalten anderer Menschen für Sie eine Bedrohung oder etwas Unangenehmes, Schweres, Herausforderndes da?
- Können Sie sich nicht so verhalten, wie Sie möchten?
- Bereitet es Ihnen Sorgen, wie Sie sich – oder andere – verhalten?

Fähigkeiten

- Können Sie Ihre Fähigkeiten weiterentwickeln und aus ihnen schöpfen oder werden diese gebremst und nicht gewünscht?
- Gibt es Fähigkeiten, die weggefallen sind oder die Sie nicht mehr ausleben können bzw. die Ihnen dauerhaft fehlen?
- Möchten Sie bestimmte Fähigkeiten weiterentwickeln und das scheint Ihnen nicht möglich?

Glauben/Werte

- Werden Sie durch förderliche („Das schaffst du schon") oder hinderliche („Das schaffst du doch nicht") Glaubenssätze beeinflusst bzw. beeinflussen Sie sich selbst?
- Stärken Sie sich selber den Rücken oder schwächen Sie ihn?
- Zweifeln Sie an Ihrem Leben, so wie es jetzt ist? Glauben Sie, dass es sich lohnt weiterzuleben?

Identität

- Folgen Sie dem, was Sie für den Sinn Ihres Lebens halten?
- Denken Sie, dass Sie das Leben leben, das Sie leben möchten?

- Stellen Sie den bisherigen Sinn Ihres Lebens infrage?

Zugehörigkeit

- Erleben Sie gerade eine Trennung?
- Gibt es Beziehungen in Ihrem Leben, die blockiert oder schmerzhaft sind und die Klärung brauchen?
- Fehlt Ihnen Zugehörigkeit zu anderen Menschen oder Gruppen von Menschen?
- Fühlen Sie sich Menschen verpflichtet, in deren Gesellschaft Sie nicht sein möchten?
- Gibt es Menschen in Ihrem Leben, die an Ihrer aufrichtigen Zugehörigkeit zweifeln („Du liebst mich nicht")?

Erkennen Sie den Kern der Krise: die drei fundamentalen Phasen

Kommen Sie dem Kern der Krise auf die Spur

Sie ahnen es sicher schon, auch die heftigsten Krisen, die schlimmsten Katastrophen und die traumatischsten Erlebnisse werden von uns allen ähnlich bearbeitet. Es gibt drei fundamentale Phasen, die zwar alle von uns anders erleben, die wir aber dennoch miteinander teilen. Sie sind quasi der Kern der Krise.

1. Phase: Ablehnung

Am Anfang steht die Ablehnung, das Nicht-wahrhaben-Wollen. Geschieht etwas Unvorhergesehenes wie zum Beispiel der Tod eines nahen Angehörigen, eine Kündigung oder eine tödliche Diagnose, werden Sie plötzlich aus Ihrem Alltag gerissen. Das geschieht so plötzlich, dass Sie diese Veränderung Ihrer (vielleicht kompletten) Lebensumstände gar nicht erkennen, geschweige denn akzeptieren können. Alles kommt Ihnen surreal vor. Vielleicht reagieren Sie tatsächlich mit körperlichen Symptomen wie Schwindel oder Frieren. Vielleicht hören Sie auf einmal nichts mehr oder fallen in Ohnmacht. Alles ist anders. Ursprünglich hatten Sie Pläne für die nächsten Minuten, Stunden und Tage. Jetzt sind Sie unsicher, wie es weitergeht. Sie können nicht einschätzen, was als Nächstes passieren wird.

Als ich vom Tod meiner Mutter hörte, habe ich die erste halbe Stunde tatsächlich noch darüber nachgedacht, meinen Seminarverpflichtungen als Trainerin nachzukommen. Ich konnte noch nichts anderes denken. Es war mir unmöglich, einen Bezug zur aktuellen Situation herzustellen und von meiner ursprünglichen Planung abzuweichen. Auch als ich erfuhr, dass meine ehemalige Lebenspartnerin sich trennt, plante ich noch einige Tage weiter den gemeinsamen Urlaub. Oder anders gesagt: Es brauchte mehrere „Realitätsschübe", bis ich begriff, was wirklich geschehen war.

Mein persönliches Beispiel

In einer Krise wollen Sie nicht, dass es so ist, wie es ist. Zugleich möchten Sie, dass Ihr Leben so schnell wie möglich wieder in seine normalen Bahnen zurückkehrt. Informationen, die Ihre Krise noch schwieriger machen, möchten Sie am liebsten ausblenden. Die Ablehnung kostet Kraft, denn Sie arbeiten gegen etwas an, was Sie nicht bewältigen können: Der Tod ist geschehen, die Trennung vollzogen, die Kündigung überbracht. Es gibt nichts mehr, was Sie daran ändern können. Sie laufen im Stand auf Vollgas – irgendwann ist das Benzin alle.

2. Phase: Depression

Sie haben die Kontrolle verloren. Es gibt auch kein Zurück mehr. Das ist anstrengend und bitter. Hilflosigkeit und Ohnmachtsgefühle stellen sich ein. Sie haben den Eindruck, nicht mehr über Ihr Leben und Schicksal bestimmen zu können. Das führt oft in eine Mischung aus Verzagtheit, Unruhe, Panik, Angst, heftigsten Sorgen bis hin zu Verzweiflung, Erschöpfung und Depression. Vielleicht vernachlässigen Sie sich, Ihre Umgebung, Arbeit, Familie. Vielleicht ziehen Sie sich vollkommen zurück. Egal, was Sie jetzt auch tun: Unausweichlich streben Sie auf einen Wendepunkt zu.

3. Phase: Akzeptieren oder zerbrechen

Der Übergang von der zweiten zur dritten Phase ist sehr sensibel. Sie können entweder an der Situation zerbrechen oder sie akzeptieren. Ausschlaggebend dafür ist Ihre innere Einstellung und Entscheidung. Ihre Widerstandskraft, Ihre innere Kraft und Ihr Optimismus bestimmen jetzt, wie und ob Sie weitermachen.

Wenn Sie sich entscheiden, aus einem Drama das Beste zu machen, nehmen Sie das Ruder wieder in die Hand. Sie steuern den Kurs, vielleicht noch wackelig und unsicher – aber Sie steuern und blicken nach vorn. „Hat man für sich diese neue Basis geschaffen, kann man sich besser arrangieren, zum Beispiel indem man sich kleine Bereiche der Kontrolle zurückerobert. In der dialektisch-behavioralen Therapie nach Marsha Lineham heißt diese Haltung ‚radikale Akzeptanz' und meint damit das Annehmen der Realität, der schwierigen Situation im Hier und Jetzt. Erst wenn diese Akzeptanz stattgefunden hat, kann man effektiv und zielgerichtet handeln und eine Erleichterung der Lage anstreben. Diese durch und durch annehmende Haltung bezieht auch die eigenen Emotionen, Gedanken und Wünsche mit ein."[10]

Werden Sie aber zum Opfer – weil Sie es vielleicht auch gar nicht anders kennen –, können Sie an dieser Krise zerbrechen. Aber Sie können sich Hilfe holen. Denken Sie jetzt an das Notfallprogramm, das ich Ihnen zu Beginn vorstellte. Psychotherapeutische Anlaufstellen gibt es in jeder Stadt – und es gibt immer ein Sorgentelefon!

Arbeiten Sie an Ihrer Grundhaltung

Eine Krise ist kein Zustand, sondern ein Prozess und damit etwas sehr Bewegliches. Sprachwissenschaftler geben als Synonyme für das Wort „bewältigen" Begriffe wie „sich durchsetzen, bezwingen, erreichen" an. Es gibt an jedem Punkt einer Krise Möglichkeiten weiterzukommen. Wir können – schrittweise – innehalten und reflektieren, trauern, klären, womöglich loslassen. Am Ende werden immer Wachstum und die Verarbeitung des Erlebten stehen.

Ändern Sie Ihre Sichtweise, denn …

Doch auf eines kommt es ganz wesentlich an: auf Ihre Grundhaltung. Vielleicht sind Sie neugierig, was Sie selber auf Ihrem Weg tun können. Vielleicht scheuen Sie sich aber auch, eine Sache anzupacken, das Heft in die Hand zu nehmen. Es ist aber wahr, dass Sie immer etwas tun

10 Pieper 2012, S. 73f.

können. Niemals sind Sie handlungsunfähig. Selbst wenn Sie zu Tode erschöpft sind, können Sie etwas tun: sich hinlegen! Selbst wenn Sie absolut davon überzeugt sind, dass Sie feststecken, dass es weder ein Vor noch ein Zurück gibt, können Sie etwas tun: zum Beispiel Ihre Sichtweise ändern. Sie bekommen einen neuen Blick, eine neue Perspektive und haben die Möglichkeit, Ereignisse, Emotionen und Erlebtes anders zu bewerten.

... es gibt immer Hoffnung!

Diese Umorientierung steckt auch im Prinzip „Das schaffst du schon". Es gilt nicht nur für die großen, ereignisreichen Dinge in Ihrem Leben, es wirkt auch in der stillen, inneren Arbeit. Es gibt immer einen nächsten kleinen Schritt, und damit gibt es Hoffnung.

Es gibt Hoffnung – und ja, Sie brauchen Mut, sich dem Zentrum der Krise Schritt für Schritt zu nähern. Aber diesen Mut haben Sie. Sonst hätten Sie dieses Buch nie gekauft. Sie wollen doch erfahren, was Sie anders machen können. Dies ist die erste kleine Bewältigung: Sie handeln.

Gehen Sie den ersten Schritt

Gehen Sie also schrittweise vor. Wenn Sie gerade sitzen, sollten Sie nicht Ihre Sportschuhe anziehen und sofort einen Marathon absolvieren. Vielleicht gehen Sie einfach erstmal auf Strümpfen durch Ihre Wohnung. Sie müssen kein hehres Ziel haben außer dem einen, die Krise bewältigen zu wollen. Aber das wollen Sie ja. Verlassen Sie sich darauf, dass Sie sich von der Krise, aber auch von Ihrer eigenen Intuition und Kraft und ihrem Verlauf führen lassen können.

Ihre Machtlosigkeit ist Ihre Stärke

Damit nähren Sie eine Ihre wichtigsten Fähigkeiten, die Resilienz. Resilienz ist das Annehmen und Akzeptieren einer wie auch immer gearteten Gegenwart. Es lohnt sich, jeden Moment anzunehmen, nicht zu werten, bei sich selbst zu bleiben, den jetzigen Zustand anzunehmen. Ein gutes Beispiel ist hier das blaue Buch der Anonymen Alkoholiker, in dem die Sucht mit einem 12-Schritte-Programm bekämpft wird. Der erste Schritt ist dabei die Erkenntnis, dass der Suchtkranke machtlos ist. Mit dieser Demut entmachten Sie Ihre Krise. Sie erkennen ihre Größe an – und Ihre eigene Winzigkeit.

Stellen Sie sich vor, Ihre Krise sei ein gewaltiger Berg und Sie müssten feststellen, dass Ihnen nur ein kleiner Löffel geblieben ist, mit dem Sie zaghaft am Fuß des Berges kratzen können. Konzentrieren Sie sich auf Ihren kleinen Löffel, nehmen Sie kleine, verdaubare Portionen und portionieren Sie Ihre Krise, aber löffeln Sie weiter. Das ist ein weiterer Schritt der Bewältigung. Sie können nicht wissen, was ein Löffelchen bewirken kann. Vielleicht wird sich der komplette Berg in Luft auflösen? Vielleicht wird er noch massiver? Vielleicht erkennen Sie, dass Sie ihn nie abtragen können, aber einen Weg drumherum finden oder einen Weg in seinem Schatten?

Mein persönliches Beispiel

Sehr gerne mache ich das an einem persönlichen Beispiel deutlich. Vor Kurzem lief ich meinen 5. Marathon, den Rennsteiglauf. Das erste Mal nicht alleine für mich, sondern mit einem Freund, einem absoluten Ultraläufer. Ich durfte viel von ihm lernen und genoss deshalb unter anderem den gemeinsamen Lauf. So „zerlegte“ er die Strecke einfach für uns, so kannte ich es noch nicht. Immerhin handelt es sich um rund 42 km. Wir liefen nach seinem Plan die ersten 5 km zum Warmwerden, dann näherten wir uns der 10-km-Grenze, dann der 15-km-Grenze und so weiter. Damit portionierte er die Strecke in verdaubare Happen. Das gefiel mir sehr. Und ich übertrage dieses Prinzip gerne auf andere Bereiche meines Lebens: Das Ziel im Blick halten, aber den Weg dahin gut einteilen.

Erkennen Sie die drei wesentlichen Momente: das Ent-täuschen, das Sich-Öffnen, das Loslassen

Auf dem Weg der Bewältigung gibt es drei wesentliche Momente: das Ent-täuschen, das Sich-Öffnen und das Loslassen.

1. Moment: das Ent-täuschen

Die rosarote Brille ist Trick der Evolution

Dies ist wörtlich aufzugreifen. Sie erliegen nicht länger einer Täuschung. Ein Beispiel: Sie lernen jemanden kennen, verlieben sich, setzen – ohne es zu merken – die rosarote Brille auf und finden den

Partner einfach nur fantastisch. Schwachstellen und Unschönheiten blenden Sie einfach aus. Es geht Ihnen darum, den idealen Lebenspartner zu finden und zu behalten. Ganz im Sinne der Evolution sind Sie blind und trunken vor Liebe. Und dann ... vergehen die Tage, Wochen, Monate. Es kommt der Moment, an dem Sie denken: „Er ist gar nicht mehr so, wie er mal war." Sie stellen widerstrebend fest, dass der andere doch anders ist, als Sie dachten. Sie möchten aber, dass er wieder so wird, wie Sie ihn einmal gesehen haben ...

Das ist die leichte Variante. Es kann sein, dass es Ihnen über Jahre nicht gelingt, Ihren Partner wirklich zu sehen. Das ist quälend für ihn (oder sie), weil er keine Chance hat, wirklich erkannt zu werden. Die Projektionen vernebeln alles.

Der Begriff „Projektion"

Recht oft spreche ich in diesem Buch von „Projektionen", und das nicht ohne Grund. Deshalb möchte ich den Begriff an dieser Stelle kurz erklären, sodass er eine stimmige Bedeutung bekommt. Oft genug schieben wir anderen Menschen die Schuld für etwas in die Schuhe, was auf unserem eigenen Mist gewachsen ist. Kay Pollak, schwedischer Regisseur und Autor, erklärt dieses Phänomen folgendermaßen: „*Das machen wir, um etwas bei uns selbst nicht sehen zu müssen.* Das nennt man Projektion. Projektionen sind ein allgemein üblicher Kniff, den wir oft in unseren Beziehungen anwenden. Indem wir anderen die Schuld zuweisen, schieben wir die eigene Verantwortung von uns. Lenken von unseren Defiziten ab. Fühlen uns anderen überlegen. Gehen den eigenen Problemen aus dem Weg. Vermeiden das unangenehme Gefühl der Unzulänglichkeit. Waschen unsere Hände in Unschuld. Ich habe meine Probleme oft damit zu lösen versucht, dass ich sie auf andere übertrug (projizierte). Erst sehr spät in meinem Leben begriff ich den Zusammenhang zwischen Projektionen und persönlicher Unzufriedenheit. Den anderen die Schuld zu geben, wird stets von negativen Empfindungen und Schuldgefühlen begleitet. Es ist sehr wichtig, diesen Zusammenhang zu begreifen."[11]

---

11 Pollak 2008, S. 83

Dies gilt für die Liebe genauso wie für Freundschaften, aber auch am Arbeitsplatz oder in ähnlichen Kontexten, die für Ihr Leben von Bedeutung sind. Vielleicht stellen Sie eines Tages fest, dass Ihr angeblich so fürsorglicher Arbeitgeber in Wirklichkeit nur aufs Geld schaut. Wenn es knapp wird, sind auch Sie – „die Seele des Betriebes" – nur eine Kostenstelle. Sie haben sich getäuscht. Sie erkennen an, dass Sie getäuscht wurden oder Sie sich selber getäuscht haben. Sie werden ent-täuscht. Ent-täuscht, weil Sie nun der Wahrheit näher sind und diese als Entlastung erfahren, endlich! Die Zeit, in der Sie sich etwas vormachten, ist zu Ende.

Seien Sie beruhigt: Nur weil sich Dinge wandeln oder Situationen ändern, haben Sie nichts „falsch" gemacht oder waren gar naiv. Sie haben sich einfach gewünscht, dass der Partner oder die Partnerin genauso ist wie Sie (oder Sie es sich wünschten), dass Jugendliche sich in der Pubertät so verhalten, wie Sie sich das vorstellen, dass Ihr Chef anders wäre, dass Sie selber anders wären ...

Enttäuschung ist heilsam

Jetzt, da alles in Ihrem Leben durcheinandergerüttelt wird, erleben Sie vielleicht eine Ent-täuschung nach der anderen. Werden Sie achtsam für schmerzhafte Gefühle wie Enttäuschung oder Ärger und decken Sie sie nicht zu. Verzichten Sie auf Schuldgefühle. Wir alle täuschen uns oft und gern. Seien Sie ent-täuscht. Es kostet Mut und kann dauern. Aber es lohnt sich und gehört in den Prozess der Krisenbewältigung.

2. Moment: das Sich-Öffnen

Ich habe immer wieder erlebt, dass es sich lohnt, mich zu öffnen. Zum Beispiel durch den Kontakt zu anderen Menschen.

Meine persönlichen Beispiele

Als wir in Stralsund über meine Arbeitssituation verzweifelten, ich schließlich kündigte, erwuchs mir Hilfe von neuen Freunden aus der Nachbarschaft. Ich hatte Angst, meine Familie nicht mehr ernähren zu können, zu scheitern, immer mehr zu verlieren. In Armut zu sein, ausgrenzt zu werden, abgeschoben, den Karriereweg verbaut zu haben, in die Obdachlosigkeit zu verfallen, mein ganzes Leben zu zerstören. Was half? Die Fürsorge der Freunde, denen gegenüber ich eines Tages ganz offen von meinen Ängsten sprach. Der Schutzwall brach und alles strömte aus mir heraus. Alle meine Sorgen durften ausgebreitet werden. Es war eine Wohltat – es war gleich, was wir erzählten, wie viel Hilfe wir annahmen, wir oft wir um Rat fragten. Es gab keine Scham. Auch nicht darüber, wie oft ich mit meiner Mutterrolle überfordert war. Unsere Freunde dort, ein wenig älteres Ehepaar, hatten all das erlebt, wussten um die Täler und Tiefen des Lebens. Ich war in gewisser Weise zu Hause bei Ihnen, in ihrem nicht wertenden Verständnis. Ohne diese rückhaltlose Offenheit wäre all das nicht möglich gewesen.

Offen sein können Sie nicht nur gegenüber Menschen. Sie können sich auch für die Natur öffnen. Die Natur wertet nicht, sie ist der ureigenste Raum des Menschen, kann Geborgenheit und Heimatgefühl vermitteln. Natur ist stete Veränderung. Sie entsteht, blüht, vergeht und entsteht neu. Damit ist sie eine kostbare Metapher für die Krisenbewältigung.

Die Trauer über den Tod meiner Mutter habe ich überwiegend im Wald bewältigt. Fast täglich war ich draußen, um mich im übertragenen Sinne zwischen Mutter Erde und Vater Himmel zu bewegen. So nannte ich es ganz bewusst einem Freund gegenüber, denn ich fühlte mich aufgehoben zwischen Himmel und Erde. Es war schmerzhaft und schwierig. Aber ich gelangte zu so etwas wie einem inneren Aufrichten, indem ich mich zwischen Himmel und Erde streckte. Nach oben gezogen, nach unten gehalten. Als ich stehen konnte, lief ich los. Damals begann meine erneute Begeisterung für den Marathon. Im wirklichen Laufen, in der Bewegung brachte ich auch meine innere Welt in Bewegung.

Als ich die kleinen Befestigungsschrauben löste, an denen mein Kummer-Panzer fest hing, löste sich auch die Last. Ich realisierte, dass ich in einer Krise war und dass sich etwas Fundamentales verändern würde. Ich erkannte, dass ich mich verändern würde und dass meine Gefühle mächtiger, quälender, schmerzhafter waren,als ich erwartet hatte.

Stellen Sie sich Ihrer Angst

Auch Angst gehört dazu. Menschen mit ausgeprägter Resilienz nutzen Angst als wertvollen Hinweis darauf, dass sie geeignete Strategien entwickeln müssen, um mit einer Bedrohung umgehen zu können. Das Gegenbeispiel sieht wie folgt aus: Menschen, die sich ihrer Angst und ihren Herausforderungen nicht stellen, die alles verleugnen und sich durch exzessive Arbeit, Drogen, Medikamente, Beruhigungsmittel etc. ablenken, haben nach schmerzhaften Ereignissen und krisenähnlichen Zuständen einen deutlich höheren Stress.

3. Moment: das Loslassen

Lernen Sie von „Sterntaler"

„Sterntaler" ist die Geschichte eines kleinen Mädchens, das stets gab, was es zu geben hatte. Bis zu ihrem letzten Hemd. Erst als sie fast nackt und bloß war, regnete es Sterntaler, ein Himmelsgeschenk. Sie müssen nicht automatisch andere Menschen mit Ihrem Kummer belasten, wenn Ihnen das nicht behagt. Sie können für sich allein in Form eines innerlichen Rituals das Loslassen lernen.

Mein persönliches Beispiel

Als sich meine Lebensgefährtin von mir trennte, war das schwerer als alles andere. Keinen Tag möchte ich noch einmal erleben müssen. Als ich gerade den Eindruck hatte, es ginge mal ein Stückchen im Trauer- und Loslassprozess bergauf, bekam ich einen Brief, den ich nicht mehr öffnen wollte. Ich war zu erschöpft, zu ängstlich, zu verletzt, um ihn öffnen zu können. Zudem wollte ich Pause, Abstand, keinen Kontakt, um Atem holen zu können. Diesen Brief wollte ich nicht öffnen. Ich ließ ihn tagelang in einer Holzkiste vor der Haustür liegen – er sollte nicht ins Haus. Kurz vor Silvester reifte mein Entschluss, wie ich mit dem Brief umgehen würde: Ich wollte den Brief verbrennen, ohne ihn gelesen zu haben. Kurzerhand schrieb ich all das, was ich loswerden wollte, auf einen Zettel und nahm diesen mit dem Brief zusammen nach draußen an meine Feuerstelle im Garten. Um mich herum schossen schon die Silvesterraketen in den Himmel, während ich tränenüberströmt am Feuer stand und die beiden Briefe ins Feuer warf. Abwechselnd schaute ich ins Feuer oder in den Himmel und war von der Wirkung selber überrascht. Dieses Ritual an der Schwelle vom alten zum neuen Jahr war ein sehr wichtiger Schritt aus der Krise heraus.

Der Sterntaler-Effekt ist m. E. nach nichts anderes als die Kunst des Loslassens. Häufig halten wir an alten Glaubenssätzen oder Gewohnheiten fest, die uns überhaupt nicht gut tun: an Ansprüche an uns selbst und an andere, an Lebenserfahrungen, Vorurteilen, Projektionen und Erwartungen.

Es ist gar nicht einfach, etwas loszulassen, was einem lange treu gedient hat. Denn sonst würden wir uns ja ganz zügig von Dingen befreien. Jeder von uns hat „blinde Flecken", die uns bei aller Selbsterkenntnis und Selbstreflexion nicht bewusst sind. Die üblichen Denk- und Reaktionsmuster laufen ganz unbewusst ab. Eine Krise ist eine Einladung, Bisheriges zu überprüfen, Menschen, Dinge, Vorlieben, Erinnerungen oder Emotionen loszulassen. Sie selber entscheiden, wie lange Sie etwas behalten und pflegen.

Unsere Angst hindert uns am Loslassen

Aber oft genug hält uns unsere Angst zurück. Wir haben:

- „Angst vor dem Prozess des Loslassens selbst, vor allem vor schmerzlichen Gefühlen, die damit verbunden sein könnten.
- Angst, die falsche Entscheidung getroffen zu haben und dies hinterher zu bereuen.
- Angst, durch ungewohntes Verhalten angreifbar zu werden.
- Angst vor der Leere danach.
- Angst vor dem Neuen, mit dem man sich nach dem Loslassen vielleicht auseinandersetzen muss.
- Angst, sich Kritik und Missbilligung auszusetzen.
- Angst, mit einer Entscheidung ganz allein dazustehen.
- Angst davor, dass die Situation eher schlimmer als besser wird.
- Angst vor dem Scheitern, wenn der neu eingeschlagene Weg die Erwartungen nicht erfüllt.
- Angst zu versagen.
- Angst, infolge einer Entscheidung nicht mehr geliebt, gemocht, akzeptiert zu werden.
- Angst vor Kontrollverlust.
- Angst davor, Schuldgefühle und ein schlechtes Gewissen zu bekommen oder sich zu schämen.
- Angst vor der Erkenntnis, dass das Problem gar nicht da lag, wo man es vermutet hatte.
- Angst davor, sich täppisch, dumm und unbeholfen anzustellen, wenn man Neuland betritt."[12]

---

12 Engelbrecht 2009, S. 19

Häufig haben wir auch Angst und wissen gar nicht unbedingt, wovor. Es kann ein diffuses, aber vertrautes Gefühl sein. Interessant finde ich es mittlerweile, nach dem wahren Kern der Angst zu schauen. Zum einen, weil er uns Menschen fast alle gleich macht. Zum anderen, weil ich so viel Kostbares und Neues erfahre. Jetzt, in meiner neuen Partnerschaft, erfahre ich, dass meine Angst, z. B. schon wieder jemanden Geliebten zu verlieren, eine Quelle und Einladung ist, meine Gedanken und Einwände zu hinterfragen. Denn statt nun die Angst zu nähren, spüre ich dahinter Offenheit und Vertrauen, zu mir und in sie, meine Partnerin.

Haben Sie also keine Angst! Lassen Sie los, geben Sie ab, seien Sie ohne Scham, und Sie werden feststellen, dass es gelingen kann, dass Sie aus dem Loslassen neue Kraft entwickeln. Denn hinter jeder Angst liegt ein Bedürfnis, das – bei Erfüllung dieses Bedürfnisses – Kraft verspricht. Während Sie noch mühsam Ihre Fassade neu streichen, haben die meisten Menschen, die Sie gut kennen, sowieso längst die Leere in Ihren Fenstern gesehen.

> *„Nur wer das Licht auslöscht, gewahrt im Fensterviereck die Tiefe der Sternennacht."*
>
> AUS JAPAN

Mein persönliches Beispiel

Eine Freundin, die an einer chronischen Erkrankung leidet, musste sich nach 15 Jahren vehementer Gegenwehr der Tatsache stellen, dass sie ihren Beruf nicht mehr weiter ausüben konnte. Erwerbsunfähigkeitsrente! Was für ein Wort, was für ein schmähliches Ende für eine ausgesprochen geliebte Berufstätigkeit. Sehr heimlich, sehr verschämt begann die Freundin, die Weichen in Richtung Rente zu stellen. Sie ging ängstlich zu den Ärzten, um völlig fassungslos hören zu müssen: „Gut, dass Sie sich endlich trauen!" Sie ging ein wenig mutiger zu ihren Arbeitskollegen, nur um hören zu müssen: „Gott sei Dank – wir hatten immer solche Angst um dich." Dabei hatte sie doch all die Jahre die Fassade einer motivierten, einsatzbereiten Mitarbeiterin gepflegt – ohne Rücksicht auf ihre eigenen Verluste und Verletzungen. Alle hatten längst dahintergeschaut. Nur sie selbst brauchte Jahre, um den schweren Fassadenpinsel aus der Hand legen zu können.

Entrümpeln Sie Ihr Leben

Ihre aktuelle Krise kann der Anlass sein, Ihr Leben neu zu sortieren und es in die Hand zu nehmen. Stellen Sie sich z. B. diese Fragen, um eine Veränderung anzugehen:

- Was brauche ich wirklich im Leben?
- Was macht mich glücklich?
- Was genau nervt mich?
- Worauf kann ich gut und gerne verzichten?

Wenn uns alles zu viel wird …

Wir haben mehr als nur genug und oftmals sogar zu viel zu tun, zu viele Termine, jede Menge Probleme und so wenig Zeit. Wir haben zu viel Ärger mit Leuten, die uns als „ Mülldeponie" für ihre Probleme benutzen. Wir haben von allem zu viel, und es wird mit jedem Tag mehr. Alles wächst uns so langsam über den Kopf und nimmt uns die Luft zum Atmen. Wir treten auf der Stelle, fühlen uns wie im Hamsterrad, kommen nicht weiter. Ob im Haus oder im Leben: Gerümpel bedeutet Stillstand.

Jetzt – inmitten der Krise – ist Entrümpeln ein sehr pragmatischer und effizienter Energielieferant. Entrümpeln bedeutet zunächst,die Dinge zu sichten, die Aspekte des Lebens zu sortieren und Belastendes loszuwerden. Es ist immer auch ein Entscheidungsprozess. Nur Sie allein können entscheiden, was Sie blockiert und was für Sie wichtig ist.

… hilft nur „Ballast" abwerfen!

Die Fragen oben sind sehr konkrete Fragen, um mit dem Entrümpeln und Loswerden zu beginnen. Wenn Sie in Ihrem Leben – und ganz speziell jetzt in Ihrer Krise – neue Impulse erwarten, müssen Sie sich von Altem trennen und Prioritäten setzen. Ihre aktuelle Lebenssituation verlangt von Ihnen Kreativität, Vision und Tatkraft. Dafür braucht es Freiraum. Volle Räume und vollgestopfte Terminkalender, alte Gewohnheiten, hinderliche Glaubenssätze und überholte Beziehungen blockieren. Verabschieden Sie sich von überlebten Beziehungen und Verpflichtungen, von hinderlichen Glaubenssätzen und nervigen moralischen Annahmen. Werfen Sie unnötige Verpflichtungen über Bord. Den leeren Raum füllen Sie mit Ihrem neuen Leben.

Das Gefühl, sein Leben im Griff zu haben, mehr Freiräume und Zeit zu haben, tut gut. Das Loslassen hat den Vorteil, dass Sie Ballast abwerfen und leichter werden. Eine Reduktion auf das Wesentliche ist sehr heilsam.

In einer Krise ist nicht nur Ihre Haltung gefragt, sondern auch Ihre Fähigkeit, sich aus Zwängen und Hemmnissen zu befreien. Das sind zum Beispiel Verpflichtungen, auf die Sie gar keine Lust mehr haben. Oder Abhängigkeiten und Gewohnheiten wie zu viel Fernsehen, Internet, Ansprüche (eigene und die anderer), die Ihnen nicht mehr guttun. Alles, was zu viel ist, lähmt Sie.

Wagen Sie zu weinen

Weil ich es bin

Weinend, nachts am Küchentisch,
lese ich meine Gedanken,
bin berührt von mir.

Tauche ein in den Weg,
den ich schon lange gehe.
Schmerz, Verlust und Trauer sind ständige Begleiter.

Ich komme mir näher,
Tag für Tag,
Stunde für Stunde,
Nacht für Nacht.
Weiß manche Stunde gar nicht,
wer ich bin.

Wage
zu
meiner Leere und Fülle zu stehen.

Wenn es in mir dunkel ist, mache ich Stunden später
das Licht wieder an.

So sehe ich mich.
Bewege mich in mir,
weiter, leise, langsam,
lustvoll – laut – lachend,
will geliebt werden,
weil ich es bin.

Barbara Messer

Weinen erlöst

Dieses Kapitel ist für alle von Ihnen, die im Weinen noch kein erlösendes Ritual sehen und die sich scheuen zu weinen. Auch wenn es Ihnen ungewöhnlich erscheinen mag, etwas über das Weinen zu lesen, bin ich der Meinung, dass es sich lohnt, im Alltag zu weinen.

Ohne das Weinen fehlt uns etwas. Weinen

- löst den Schmerz (körperlichen und seelischen);
- bringt Bewegung in die Falten unseres Seelenkostüms;
- löst Blockaden auf;
- bringt etwas in Fluss;
- bringt Trauerprozesse einen Schritt weiter;
- verarbeitet Angestautes;
- verabschiedet alte Gedanken und leitet neue ein;
- schafft Raum und Aufmerksamkeit für neue Emotionen.

Was tun Menschen, wenn sie nicht weinen? Wie verhalten sie sich, damit sie das Weinen vermeiden können? Drei unterschiedliche Menschen möchte ich Ihnen vorstellen.

Es gibt keine echten Alternativen zum Weinen

Tanja weint nicht, sie wird ärgerlich. Sie beschimpft die ihr nahestehenden Menschen und flüchtet sich in die Arbeit. Das ist ihre stärkste Vermeidungsstrategie. Am liebsten sitzt sie hinter ihrer Laptopdeckelklappe und „zieht“ verbissen ein Arbeitsprojekt durch, das vordergründig wichtig ist und auch angebliche Eile erfordert. So ist ihr Grund, am Laptop zu kleben, vollkommen legitim. Sie zieht das Programm durch, bis es irgendwann nicht mehr geht. Vorher vergisst sie notwendige Erholungspausen, auch Mahlzeiten etc. Mögliches Innehalten steht nicht auf dem Programm. Dadurch strengt sie sich sehr an und verbraucht eine Fülle an Kraft. Liebevolle Gesten von außen scheinen nicht zu ihr vorzudringen.

Susanne weint nicht, sie verkriecht sich. Schneckenartig macht sie zu. Verschließt sich vor der Welt, scheint innerlich zu verlangsamen. Wenn sie in dieser Rückzugshaltung ist, reduziert sie die Wahrnehmung all dessen, was in ihr ist und was um sie herum ist. Aber sie möchte in den Arm genommen werden.

Siegfried weint nicht, er wird fahrig. Er macht mehrere Dinge auf einmal und wundert sich dann, dass er damit scheitert.

Warum aber weinen wir?

Warum wir weinen

Charles Darwin beschäftigte sich als einer der Ersten mit dem menschlichen Weinen. Er stellte die These auf, dass Tränen ein Hilfssignal des Menschen seien und der Entspannung dienten. Dies wiederum ist nach aktueller Forschung umstritten. Denn oftmals sind wir recht aufgewühlt, wenn wir weinen.

Weinen kommt einer Reinigung gleich, glaubt der amerikanische Biochemiker William Frey. „Seiner Ansicht nach werden mithilfe des Tränenflusses toxische Stoffe ausgeschwemmt, etwa Abfallprodukte von Schmerzreaktionen. Den Tränendrüsen käme in diesem Fall eine ähnliche Funktion zu wie den Nieren.“[13]

Meist jedoch achten Menschen auf die soziale Komponente und Dimension des Weinens. Wer weint, erntet meist Sympathie, Empathie und weckt beim Gegenüber den Wunsch zu trösten. Weinen zeigt somit Wirkung.

---

13 http://www.faz.net/aktuell/wissen/mensch-gene/traenenforschung-heul-doch-1384727.html

Männer und Frauen weinen anders. „Frauen setzen sich durchschnittlich mit größerer Begeisterung emotionalen Situationen aus und verfügen dann über weniger ausgeprägte Filterstrategien als Männer", meint Frey. Diese umgehen emotional aufgeladene Situationen nämlich, wenn irgend möglich, und wenn es sich gar nicht mehr vermeiden lässt und man seine Freundin doch in den „Titanic"-Film begleiten muss, entwickeln Männer bestimmte kognitive Strategien, um die emotionalen Aspekte einer Situation kurzerhand auszublenden („Weißt du Schatz, die Dicke der Bordwand war einfach falsch berechnet. Zudem hätte man die Schotten bis in die höheren Decks bauen müssen."). Deshalb, so Frey, sieht man sie im Kino auch nur ganz selten weinen."[14] Frauen weinen häufiger während einer Auseinandersetzung, Männer eher aus positiven Anlässen heraus (wenn ihre Fußballmannschaft gewinnt).

Warum Männer im Kino nicht weinen

Weinen ist jedoch nicht immer mit Traurigkeit besetzt. Menschen weinen auch vor Rührung und innerer Bewegung, aus Freude oder „Beseelt-Sein".

Gerade heute brachte mich ein mir nahestehender Mensch – ungewollt – zum Weinen. Er würdigte etwas in meinem Leben, was das letzte Mal von meiner Mutter anerkannt worden ist. Ich habe es gerade in den letzten beiden herausfordernden Jahren nicht einmal mehr erfahren oder geachtet bekommen. Die Würdigung und kostbare Anerkennung ging mir so sehr unter die Haut und öffnete eine Tür in mir, die ich im Alltag schon lange geschlossen hatte. Die Tränen liefen, ohne dass ich sie beeinflussen konnte. Es wurde gewürdigt, dass ich mich entschieden hatte, Mutter zu sein und wie ich das Muttersein lebe. Darin fand ich eine tiefe Anerkennung dieser Aufgabe, mit allem, was sie mit sich bringt.

Mein persönliches Beispiel

Kürzlich hatte ich die Gelegenheit, ein intensives Gespräch mit meiner Trainerkollegin Monika Bone zu führen. Anlass war eine größere Auseinandersetzung zum Thema „Transformatives Lernen", Lernerfahrungen also, die uns in unserer persönlichen Erfahrung eine Stufe weiterbringen, die unserer Persönlichkeit einen Wachstumsschub

---

14 Ebd.

geben, dem meist ein intensiver Prozess vorausgeht. Nach Krisen haben wir genau das erreicht – eine Transformation unserer selbst. Wir sind wie gewandelt. Monika erzählte mir von einem Mann, der nach einem sehr intensiven Workshop zu ihr sagte: „Manche Dinge finden sich tausend Tränen tiefer."

Jedes Weinen hört einmal auf

Viele Menschen haben Angst davor, ihre eigenen Gefühle wahrzunehmen und zu fühlen. Sie fürchten dann, nicht mehr aufhören zu können mit Weinen, Schreien, Schimpfen, Klagen, kurzum: tiefem Unglücklichsein. Tatsache ist: Sie werden nicht die nächsten Jahrzehnte weinen oder schreien, wenn sie ihre Gefühle fühlen. Auch ein verzweifeltes, tiefes Weinen hört einmal auf. Andererseits: Keine Gefühle mehr zu fühlen, macht nicht nur innerlich leer und kalt. Wer nicht fühlen möchte, wirkt und führt auch gefühllos. Vielleicht ist Weinen ja jetzt genau das Richtige. Viel zu lange haben Sie Ihre Tränen zurückgehalten und sich nicht getraut, sich in Ihre Trauer oder Verzweiflung fallen zu lassen. Die folgenden Schritte können Sie so gestalten, wie Sie möchten. Deshalb habe ich bewusst auf eine Nummerierung verzichtet.

Weinen Sie bewusst

- Achten Sie einmal die nächsten Stunden oder Tage bewusst darauf, wann sich eine Traurigkeit in Ihr Gemüt schleicht. Spüren Sie, wann so etwas wie ein mögliches Weinen auftaucht. Achten Sie darauf, wann Sie traurig werden und was Sie tun, um ein Weinen zu verhindern.
- Achten Sie auf die Momente im Alltag, wo Sie vor Rührung oder Glück weinen möchten.
- Wenn Sie Angst haben, allein zu weinen, verabreden Sie sich mit einem Menschen, der Ihnen sehr nahe und wohlgesonnen ist. Erzählen Sie von sich und Ihrem Kummer und bitten Sie ihn darum, einfach da sein zu dürfen. Vertrauen Sie auf die Momente der Sprachlosigkeit, bitten Sie um etwas so Profanes wie in „den Arm genommen" zu werden.
- Wenn Sie einen Freund oder eine Freundin haben, die selber sehr gut weinen kann, dann bitten Sie diesen Menschen, dass er für Sie weint. Vertrauen Sie sich also ruhig an. Im Weinen sind wir letztendlich alle gleich und brauchen uns nicht voreinander zu schämen.

- Wenn Sie für sich allein weinen wollen, wählen Sie ganz bewusst einen Platz aus, an dem Sie sich einkuscheln können. Richten Sie sich dort ein wenig ein. Machen Sie Musik an, die Ihnen zu Herzen geht, achten Sie auf sanftes Licht und insgesamt eine Atmosphäre, die Geborgenheit und Gemütlichkeit vermittelt. Setzen/Legen Sie sich hin und geben Sie sich einfach Ihrer Trauer hin. Vielleicht gelingt es nicht beim ersten Mal, dass die Tränen fließen. Vielleicht haben Sie auch einfach noch Angst, dass das Weinen nicht aufhört, wenn Sie erst einmal angefangen haben. Aber seien Sie sicher, solange Sie keine chronische Depression haben, wird das Weinen nach ein paar Minuten wieder aufhören und Sie werden sehr erleichtert sein.
- Sprechen Sie mit sich. Finden Sie Worte für das, was Sie traurig macht. Nennen Sie den Namen eines Menschen, den Sie lieben und der Ihnen fehlt. Mancher Mensch fühlt sich am allerwohlsten, wenn er Gott oder ein ähnliches großes Wesen ansprechen darf.
- Nehmen Sie sich diese kleinen Auszeiten immer wieder.
- Vielleicht helfen Ihnen diese Affirmationen, um sich schrittweise einem erlösenden Weinen zu nähern:
  - „Geweinte Tränen sind erlösend, sie verschaffen mir Leichtigkeit."
  - „Geweinte Tränen entlasten meine Seele."
  - „Die Lebenszeit, die ich mit Weinen verbringe, ist gewonnene Zeit."
  - „Weinen ist wie Beten, es verbindet mich mit etwas Höherem und mir selbst."
  - „Ich danke dem Universum für all die Möglichkeiten, die es für mich bereithält, um zu wachsen und mich zu entwickeln."
  - „Ein gebrochenes Herz ist ein offenes Herz; mein Herz ist in der Tat durch Schmerzen und Trauer geöffnet worden."
  - „Lieber Trauern und Schmerzen erleiden, als immer dieselbe zu bleiben."
  - „Jede geweinte Träne erleichtert mich."

„Die Tiefe der Dunkelheit, in die du hinabtauchen kannst und in der du doch am Leben bleiben kannst, ist das genaue Maß der Höhe, in das du mit deinem Streben reichen kannst."

LAURENS VAN DER POST

3.2 Gehen Sie auf Heldenreise

Die Heldenreise ist meiner Meinung nach eine der schönsten Metaphern für die Bewältigung von persönlichen Krisen. Wir alle haben als Kinder Heldengeschichten gelesen. Jedes Bilderbuch erzählt die Geschichte eines Helden, der in die Welt hinaus will oder muss. Auch als Erwachsene finden wir noch Helden in unserem Leben. Menschen, die wir beeindruckend finden oder an denen wir uns orientieren. Das können ganz normale Menschen, Nachbarn, Freunde, Lehrer, Arbeitskollegen oder auch Idole und Vorbilder sein.

Wir alle haben unsere Helden

Frage ich in einem Seminar nach dem ganz persönlichen Held, dann sind fast immer die folgenden Personen dabei:

- Pippi Langstrumpf
- Robin Hood
- Mutter Theresa
- Nelson Mandela
- Mahatma Gandhi
- Die eigene Großmutter oder der eigene Großvater

Helden sind Menschen, die etwas bewirken, die etwas tun, was wir gern täten oder jetzt sogar tun müssen. Helden können uns zeigen, dass es sich lohnt, aufzubrechen, um das Glück zu suchen. Helden zeigen uns, dass man gegen Drachen kämpfen muss oder allein durch dunkle Höhlen zu gehen vermag. Helden zeigen auch: Scheitern ist möglich, ist in Ordnung.

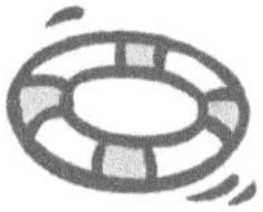

Für jeden Helden gibt es nur einen Weg: seinen eigenen. Und am Ende ist er stärker, als er dachte.

Mein persönliches Beispiel

Die erste gute Sterbebegleitung, die ich erlebte, verdanke ich zwei Menschen. Zum einen dem Wohnbereichsleiter, der mich damals drei Tage freistellte, und der alten Dame, die ich begleiten durfte. Sie stellte Nähe und Vertrautheit her, erzählte viel und ich saß die ganze Zeit über einfach bei ihr. Voller Achtung und tiefem

Respekt, dass sie mich an diesem faszinierenden Ereignis teilhaben ließ. Sie hatte keine Angst vor dem Sterben. Das beeindruckte mich. Sie war meine Heldin. Ich war angetan von ihrer Akzeptanz, ihrer Klarheit und Transparenz und der Schamlosigkeit, mit der sie mich zu ihr in die Nähe ließ. Von ihrer Ehrlichkeit in Gesten und Worten während der Pflegehandlungen, davon, wie sie mich aus ihren klaren blauen Augen ansah.

Die Heldenreise geht zurück auf den amerikanischen Professor Joseph Campbell. Er „erkannte, dass beim Geschichtenerzählen immer wieder dem gleichen alten Muster des Mythos gefolgt wird: Das Modell der Heldenreise ist universell und tritt zu jeder Zeit und in jeder Kultur in Erscheinung. ... Die Reise des Helden ist ein unglaublich beständiger Satz von Bauelementen, die aus den tiefsten Abgründen des menschlichen Geistes immer wieder neu entstehen, in jeder Kultur anders ausgestaltet und doch im Grunde immer gleich.“[15]

Die Heldenreise, die ich Ihnen jetzt vorstelle, soll ein Muster sein, ein kleines Reiseprogramm auf Ihrem Weg durch die Krise.

1. Akt: In der gewohnten Welt

Sie leben in Ihrer gewohnten Welt. Sie kennen die Regeln, leben routiniert in Ihrem Alltag. Sie denken, die Welt ist in Ordnung.

Der Ruf

Etwas bricht in Ihre Alltags-Welt ein ...

Urplötzlich verändert sich alles. Sie werden gekündigt. Der Arzt teilt Ihnen mit, dass Sie tödlich erkrankt sind. Ihr Partner trennt sich von Ihnen. Oder Sie erkennen auf einmal, dass etwas ganz und gar nicht in Ordnung ist. Das Schicksal ruft. Sie aber sind starr vor Entsetzen. Das kann doch gar nicht wahr sein! Eben war doch noch alles in Ordnung! Und wenn der Ruf, als Hinweis, nicht von außen kommt, dann kommt er oftmals aus uns selber heraus. Wir spüren Unzufriedenheiten, sind unruhig und suchend. Vielleicht werden wir krank.

---

15 Messer 2010, S. 221

Die Weigerung

… doch Sie weigern sich, das zu erkennen

Sie müssten eigentlich handeln. Mit Ihrem Partner sprechen, der sich trennen will. Mit Ihrem Arzt einen Therapieplan erörtern, sich Informationen suchen. Doch Sie stecken fest. Doch die Veränderung sucht Wege. Sie möchten stehen bleiben, während Sie von hinten schon längst mit Macht geschoben werden. Wie ein Wildbach, der größer und größer wird, will sich die Kraft einen Weg bahnen. Doch Ihre Zweifel und Ängste überwiegen und lassen Sie verharren, lieber drei Schritte zurück- als einen vortreten. Der Druck hinter Ihnen und um Sie herum wächst.

Begegnung mit dem Mentor

Jemand erscheint an Ihrer Seite

Da erscheint Hilfe. Sie erkennen unterstützende Kräfte, in sich selbst (z. B. Ressourcen, positive Glaubenssätze) oder in Ihrer Umgebung. Vielleicht taucht ein Mentor auf, der Ihnen Impulse bringt (das kann ein Therapeut sein oder ein guter Freund, dem Sie von Ihrem Schicksalsschlag erzählt haben). Nicht jeder ist ein Mentor. Mancher ist ein viel zu liebevoller Mensch, der Sie in Ihrer Weigerung bestätigt („Ach, wir warten erst mal ab. Vielleicht kommt er/sie ja zurück, hat sich der Arzt geirrt, wird die Kündigung zurückgenommen"). Umgekehrt ist manchmal jener Mensch, der Ihnen feindlich gesonnen scheint, der Mentor, weil er Ihre Kräfte aktiviert. Monate oder Jahre später stellen Sie fest, dass XY für etwas sehr Gutes in Ihrem Leben gesorgt hat. Vielleicht sogar durch seine Trennung. Damals schien es unerträglich zu sein. (Ihr Chef hat Sie gekündigt? Aber Sie wollten immer schon etwas anderes machen …)

Überschreiten der Schwelle

Sie rüsten sich zum Aufbruch

Sie haben sich entschieden, die Heldenreise anzutreten. Sie schnüren Ihr Bündel und lassen sich auf das Abenteuer ein: Sie sprechen die Veränderung an/aus: Sie kündigen, trennen sich, suchen etwas Neues, lassen Altes los.

2. Akt: Im Land der Abenteuer

Sie sind jetzt in unbekanntem Terrain unterwegs. Prüfungen und Hürden müssen bestanden werden. Bedrohungen und Unsicherheiten lauern an allen Ecken und fordern Sie heraus. Bei all den Halunken gibt es aber auch freundliche Gestalten!

Der Weg der Prüfungen

Sie bewähren sich

Sie bewältigen die bekannten und unbekannten Herausforderungen, Aufgaben und Wagnisse.

Mein persönliches Beispiel

Bei mir sahen diese so aus: Meine ehemalige Lebenspartnerin trennte sich von mir, sie setze den ersten Stein. Der zweite Stein kam von mir, ich vollzog die Trennung dann auch von meiner Seite. Den Tod meiner Mutter hatte ich gerade so eben verarbeitet – das akute Trauern um sie war bewältigt, dennoch fehlte sie mir täglich. Ich hatte meinen 50. Geburtstag. Genau zu diesem Zeitpunkt war meine Tochter in Indien. Ich musste mir eine neue berufliche Existenz aufbauen. In mein Haus wurde eingebrochen und mein Notebook mit allen Daten wurde gestohlen. Ich verlor einen ganz wichtigen Freund. Der New-York-Marathon, auf den ich mich sieben Jahre lang vorbereitet hatte, wurde wegen des Hurrikans Sandy abgesagt.

Sie müssen sich bewähren. Die Zeit bleibt stehen, der Kopf ist leer, Übersprungshandlungen, bisherige Schutzfilter und Verhaltensweisen greifen nicht mehr, Sie sind im Ausnahmezustand. Deshalb empfehle ich Ihnen all die Möglichkeiten, die ich Ihnen mit diesem Rettungsring zuwerfe. Es braucht all diese kleinen Schritte, das Anhalten, das Akzeptieren, das Loslassen und das Vertrauen, das Daran-Glauben und das Lernen, um all diese Aufgaben zu bewältigen.

Die Belohnung

Sie finden Ihren Gral

„Starke und positive Reaktionen auf zutiefst verstörende Erfahrungen sind nicht nur das Merkmal der Tapfersten oder Härtesten. Tatsächlich berichtet etwa die Hälfte aller Menschen, denen ein Schicksalsschlag widerfahren ist, dass sich ihr Leben danach zum Positiven gewandelt hat."[16] Um in der Metapher der Heldenreise zu bleiben: Sie haben das Elixier, den Heiligen Gral, gefunden.

3. Akt: Die Rückkehr

Die Reise hat Sie verändert, vieles ist anders als vorher. Vielleicht gehen Sie gar nicht mehr zurück, nicht in Ihren alten Beruf, in Ihre alte Wohnung, Ihre alte Umgebung. Vielleicht aber kehren Sie zurück und sind ein anderer geworden.

Manches Mal ist es gar nicht so leicht, mit dem Elixier oder der Erkenntnis – gewachsen, aufgebaut und wiedererstrahlt – in die alte Routine, in das alte Leben zurückzukehren. Wir haben uns verändert, sind gewachsen und das merken auch die anderen Menschen.

Beachten Sie Ihre Veränderung

Ihr Leben ist nun ein anderes

Ihre Erkenntnisse (neue Verhaltensweisen, neue Prozesse, neue Ziele oder Strategien) legen Sie nicht einfach in den Schrank, sondern Sie müssen Sie in den Alltag integrieren. Ihre Grundannahmen sind erschüttert worden, Ihr Leben hat eine neue Wendung erfahren.

Viele Menschen, die Traumatisches oder Schreckliches erlebt haben, möchten das natürlich nicht noch einmal erleben, aber sie haben versucht zu überleben, sie haben versucht, weiterzumachen. Ein neues Selbstvertrauen, eine viel grundsätzlichere Gelassenheit und innere Freiheit können plötzlich Wegbegleiter sein bzw. uns stärken. Das ist etwas, was wir erfahren können, wenn wir solche Hürden überwinden. Denn wer Widrigkeiten und Schicksalsschläge, Katastrophen, Traumata aller Art gut verkraftet, wird gelassener und kräftiger. Und zugleich ist es auch ein Beweis für das sogenannte Glücksparadoxon: „Um ein möglichst gutes Leben zu führen, brauchen wir mehr als Lust,

16 McGowan 2012, S. 19

Spaß und Genuss. Unsere Suche nach dem Glück ist heute häufig verkümmert zur Jagd auf den lustvollen Moment und auf ein Leben, aus dem negative Gefühle, Schmerz und Sorge verbannt sind. Doch Glück ist nur einer der Werte im menschlichen Leben", betont Laura King, Psychologiedozentin an der University of Missouri. Ebenso wichtig sind Mitgefühl, Weisheit, Altruismus, Einsicht, Kreativität. Und manchmal können nur schwere Prüfungen im Leben diese Eigenschaften in uns wecken. Mitunter braucht es dramatische Ereignisse, damit wir den oft schmerzhaften Prozess der Selbstveränderung auf uns nehmen.[17]

Der Heilige Gral im Alltag

Integrieren Sie Ihre Erkenntnisse in das tägliche Leben

Nun findet der tatsächliche Praxistransfer statt. Die Erfahrungen, die Sie gemacht haben, haben Sie verändert. Sie müssen jetzt entscheiden. Gehen Sie in das alte Leben zurück oder wagen Sie etwas Neues?

Sie können die Sieben-Meilen-Stiefel wieder ausziehen und den so mühsam errungenen Heiligen Gral in die Ecke stellen, gleich neben Ihr Freischwimmerzeugnis, den Meisterbrief und die Hochzeitsurkunde.

Sie können aber auch den Gral als Trophäe hochzeigen, sich dafür feiern lassen und anschließend sagen: „So, nachdem ich das geschafft habe, werde ich noch ganz anderes machen. Ich bin stärker als je zuvor." Es kann dann sein, dass manche Menschen aus Ihrer Umgebung ungehalten reagieren. Sie hätten Sie lieber gern so wie vorher. Sie aber stabilisieren Ihren Alltag, integrieren Ihre Erkenntnisse und Gewinne. In der Übertragung auf die Krise bedeutet das: Sie sind wieder bei sich angekommen, mit sich im Reinen. Sie können Ihr Leben neu gestalten.

17 Ebd.

Bleiben Sie abenteuerlustig

Die Heldenreise können Sie öfter machen: Es gibt die kleineren Heldenreisen, die Ihnen vielleicht alle paar Jahre widerfahren. Es gibt die große Heldenreise Ihres Lebens, mit der Transformation im Tod. In ihr vereinen sich alle Reisen und Veränderungen Ihres Lebens.

Wir sind unser Leben lang auf einer Reise

Sich auf die Heldenreise zu begeben, heißt, daran zu glauben, dass Sie auf einer Reise sind. Dass Sie auf der Suche sind, Ihrem Ruf folgen und sich auf die Veränderungen (im Innern und im Außen) einlassen müssen. Das Modell der Heldenreise ist für mich eine Metapher, die mir – gerade in den schweren, herausfordernden Zeiten – eine vertraute Richtschnur bietet. Dadurch weiß ich, dass alles einen Sinn für mich und mein Leben macht, dass es weitergeht, dass ich auf der Reise bin.

Die Heldenreise ist die Geschichte des Übergangs von einem Lebensabschnitt zum nächsten. Jeder Mensch wird durch das Leben gezwungen, sich zu verändern. Im Leben eines jeden Menschen gibt es Momente, in denen er durch Krisen geht. Die Heldenreise greift den Urkonflikt zwischen Sicherheit und Sehnsucht, zwischen Heimat und Fernweh, zwischen „noch nicht können und wollen" auf.

Lassen Sie sich hier – im Geiste und im Denken – auf das Experiment der Heldenreise ein! Es ist ein Weg der Veränderung.

Lernen Sie sich selbst kennen auf Ihrer Reise

- Erfahren und gehen Sie Ihren eigenen Weg.
- Befreien Sie sich von alten Fesseln.
- Entwickeln oder klären Sie Ihre persönlichen Wünsche, Bedürfnisse und Ziele.
- Bauen Sie eigene Widerstände, Barrieren, Schranken, Hemmnisse und Blockaden ab.
- Erleben Sie Krisen, Herausforderungen und Veränderungen in Ihrem Leben besser und verantwortlicher.
- Gewinnen Sie Klarheit und Kraft für einen schwierigen, aber unausweichlichen Schritt.
- Werden Sie selbstsicherer, klarer und kontaktfähiger.
- Erneuern Sie das Vertrauen in sich und in Ihr Leben.

- Entdecken Sie eine Vision für Ihren weiteren Lebensweg.
- Richten Sie den Blick auf Ihre ganz persönlichen Schritte der Heldenreise.

Beschäftigen Sie sich mit der Heldenreise, denn darin liegt ihr Sinn. Notieren Sie Ihre Gedanken und Assoziationen.

3.3 „Du schaffst das schon"

Viele Menschen, deren Leben durch eine Krise auf den Kopf gestellt wurde, haben erfahren, dass ihre alten Gewohnheiten sekundenschnell verflogen sind. Doch sie halten stand, trotzen ihrem Schicksal, finden ihren Weg. Sie leben in der Gewissheit: „Du schaffst das schon." Meine Mutter, von der der Ausspruch stammt, war so ein Mensch. Sie soll Ihnen als Beispiel dafür dienen, wie viel ein Mensch durchleben, ertragen und überstehen kann. Im Anschluss an ihre Geschichte gehe ich auf die einzelnen „Du schaffst das schon"-Leitsätze, die am Anfang des Buches als Rettungsring vorgestellt wurden, ausführlich ein.

Die Geschichte meiner Mutter

1938 wurde meine Mutter als zweites Kind ihrer Eltern geboren (ihre Schwester war sieben Jahre älter, ein kleiner Bruder starb im Krieg), erlebte sie – trotz der Kriegserlebnisse – eine recht unbeschwerte Kindheit. Die Straße, die Höfe, der Domplatz, waren ihre Spielplätze. Einfaches Spielzeug wie Murmeln und Glasscherben reichten, um sie glücklich zu machen.

Der Zweite Weltkrieg änderte alles. Ihr Vater wurde eingezogen und kam erst Jahre nach Kriegsende aus russischer Gefangenschaft zurück. Wie so viele Väter traf er auf eine inzwischen sehr selbstständige Ehefrau und auf fast erwachsene Kinder. Alle waren sich fremd. Meine Mutter, ein rothaariger, rebellischer Backfisch, hatte gelernt, ohne Vater zurechtzukommen. Es war schwer gewesen, aber jetzt hatte sie es geschafft und sie wollte keineswegs mehr als „Kind" wahrgenommen werden. Ihr Traum: Schiffsstewardess. So ging sie nach England, arbeitete als Au-pair, erwarb hervorragende Sprachkenntnisse und schloss mit einem Zertifikat der Cambridge Universität ab. Darauf war sie ein Leben lang stolz.

Für die zweite Fremdsprache, die sie für ihren Traumberuf brauchte, ging sie in die Schweiz. In Genf lernte sie Französisch. 1960 kam sie zurück. Vor einem Aufenthalt in Frankreich wollte sie etwas Geld verdienen und begann in ihrer Heimat Verden als Stenotypistin und Auslandskorrespondentin zu arbeiten. Dort traf sie meinen Vater.

Meine Mutter warf ihre Pläne um. Sie verliebte sich in den wesentlich älteren Mann und verlobte sich. Als sie kurz vor der Hochzeit erfuhr, dass er bereits einmal verheiratet gewesen war und es mit der Treue nicht so genau nahm, hätte sie die Hochzeit gern abgesagt. Doch sie ließ sich von ihren Eltern und auch ihrem Verlobten, der eifrig Besserung gelobte, umstimmen. Also wurde 1961 geheiratet. Neun Monate später wurde ich geboren, weitere 13 Monate darauf meine Schwester.

Mein Vater arbeitete, meine Mutter blieb zu Hause. Damals musste der Mann noch zustimmen, dass seine Frau arbeitet. Alltag Anfang der 60er: wenig Geld, kein Luxus, viel Hausarbeit. Doch etwas war bei uns anders als bei anderen. Es gab finanzielle Schwierigkeiten, Mahnungen lagen im Briefkasten. Weder die Möbel noch die Gardinen waren voll bezahlt.

Als meine Mutter mit meiner Schwester schwanger war, zogen meine Eltern wieder um, wo mein Vater eine Stelle als Schweißfach-Ingenieur annahm. Dafür war ein spezieller Lehrgang erforderlich, der dann in Hannover stattfand. Mein Vater nahm sich dort ein Zimmer und kam oft lange Zeit nicht nach Hause. Seine Prüfung dort konnte nicht anerkannt werden weil er – offiziell – nicht den entsprechenden Studienabschluss nachweisen konnte. Dies führte zur Entlassung und zur Rückzahlung der entstanden Lehrgangsgebühren – ein weiterer Tiefschlag.

Nun wuchsen meinen Eltern – speziell meiner Mutter – die Geldsorgen über den Kopf. Meine Mutter suchte eine Schuldnerberatung auf, wohlweislich darauf achtend, dass ihre Eltern das nicht mitbekamen. Sie arbeitete kurzfristig auch als Urlaubsvertretung, trotz ihrer Schwangerschaft, um noch Geld dazu zu verdienen. In dieser Zeit war ich als kleines Baby mit unserem Hund oft bei meiner geliebten Oma. Eine feste Arbeit bekam meine Mutter nicht, weil sie schwanger war.

Als meine Schwester geboren war, zogen wir ins Ammerland. Mein Vater hatte dort Arbeit, war aber oft beruflich bundesweit und in der Schweiz unterwegs. Meine Mutter blieb bei uns Mädchen, hielt das Haus in Ordnung, kümmerte sich um unseren Hund. Wir hatten wenig Geld. In dieser Zeit war das größte Glück für mich eine Graubrotstulle mit Butter und Zucker drauf. Diese bekam ich oft bei der Nachbarin.

Irgendwann kam mein Vater von einer Geschäftsreise wieder und brachte eine Frau mit. Eine sehr nette Frau. Aber eben eine Frau. Meine Mutter fiel aus allen Wolken. Wir Schwestern auch. Mein Vater hatte diese Frau auf einer seiner Auslandsreisen kennen und lieben gelernt und ihr versprochen, sie zu heiraten. Ich erinnere mich noch, wie wir nachts zu meinen Großeltern fuhren. Die Scheidung wurde eingereicht. Mein Großvater sorgte dafür, dass meine Vater nicht aufs Grundstück durfte. Dies sogar mit Polizeieinsatz. Meiner Mutter war das damals alles sehr peinlich. Sie war eine der ersten Frauen in der Kleinstadt, die geschieden war.

Aber meine Mutter nahm das Heft fest in die Hand. Wir zogen in die Wohnung, in der sie als Kind schon gelebt hatte. Sie arbeitete mehr als 40 Stunden die Woche, meine Oma sorgte für uns. Zwischen meiner Mutter und meiner Großmutter muss es oft Streit gegeben haben. Aber was hatte meine Mutter für eine Alternative? Sie hatte eine volle Arbeitswoche, zwei kleine Kinder, und lebte in gewisser Weise in der Abhängigkeit zu ihren Eltern. Meine Mutter verfuhr zu dieser Zeit nach dem Motto: „Wenn dir das Leben Zitronen gibt, mach Limonade daraus!" Es gab Spaziergänge, Radausflüge, Waldausflüge, Treffen mit anderen Kindern, deren Mütter mit meiner befreundet waren. Viel Spiel und Toleranz.

Aber es gab auch Schattenseiten. Der Teppichklopfer hing immer im Flur, auch mit dem Kochlöffel gab es mal etwas hinter die Ohren.

Unsere Mutter lebte ungefähr fünf oder sechs Jahre mit uns beiden Schwestern – in dieser Konstellation – zusammen. In meiner Erinnerung war das die schönste Zeit meiner Kindheit. Als ich ungefähr elf Jahre alt war, verliebte sie sich in den Mann, der unser Stiefvater werden sollte. Er war ein sportlicher, großer, schöner Mann. Ich fand es besonders beeindruckend, dass er Fallschirmspringer war. Damit eröffnete er mir eine neue Welt. Eine Welt sportbegeisterter Menschen, die ihren Traum lebten, und ich verdanke ihm unbeschwerte Stunden, wo ich auf dem Gelände der kleinen Sportflughäfen spielen und toben konnte.

Und dann änderte sich alles. Mein Halbbruder hatte einen Unfall, der ihn an den Rollstuhl fesselte. Mein Stiefvater wurde arbeitslos, war monatelang zu Hause. Sein Selbstwertgefühl war im Keller, sein Stolz gebrochen. Seine Brutalität nahm zu. Er schlug meine Mutter regelmäßig. Das ging über viele Monate, wenn nicht gar Jahre. Es gab grausige Szenen, denen ich mich als Kind nicht gewachsen fühlte. Manches Mal trauten meine Schwester und ich uns nachts nicht aus dem Zimmer, weil es auf dem Flur so brutal zuging. Monatelang ging meine Mutter mit blau geprügelten Augen nach Hause. Wir Kinder mussten auch oft Schläge einstecken. Ich hatte nur noch Angst, kam in der Schule nicht mit und rettete mich durch den Leistungssport und die Aktivitäten meiner Clique. Meine Mutter musste eine ungeheure Kraft aufbringen, den Alltag zu bewältigen. Schon wieder war sie diejenige, die alles führte und stemmte. Die Arbeit, uns Kinder, das Vorkochen, die Wäsche, alles lag in ihren Händen. Die Brutalität und das irre Verhalten meines Stiefvaters versuchte sie durch Hoffen „auf bessere Zeiten" zu kompensieren. Allerdings sah sie mehr und mehr, dass ihre beiden eigenen Kinder mehr litten, als es gut war.

Dann kam die Zeit, als mein Stiefvater sogenannte Anfälle bekam. Er inszenierte Suizidversuche, zerstörte die Umgebung und wurde immer brutaler. Wir liefen mehrfach nachts aus dem Haus. Er war eifersüchtig bis aufs Blut und witterte überall Nebenbuhler. Als wir einen Kurzurlaub an der Ostsee machten (meine Mutter machte mit uns jungen Mädchen einen Grundkurs im Surfen – einer ihrer Träume), lauerte er ihr heimlich auf, wie er dachte, sie hätte eine Affäre mit unserem Surflehrer.

Irgendwann erfuhr ich von meiner Mutter, dass es jemanden gab, den ich jederzeit anrufen könne, wenn es brenzlig würde. Meine Mutter hatte also mal „wieder nebenbei" die Fäden in der Hand und sorgte für die Zukunft. Ich fühlte Erleichterung und Überforderung. Das war alles zu viel für meine 15 Jahre. Eine der letzten Erinnerungen war dann, wie wir nachts aus dem Haus liefen, als mein Stiefvater auf uns alle drei schoss. Meine Mutter rettete sich zu einer Kollegin, meine Schwester und ich schliefen beim Pastor. Eng beieinander versuchten wir die Ereignisse zu verarbeiten. Und mehrfach suchten wir unsere Körper ab, da wir Angst hatten, Kugeln aus seiner Pistole im Körper zu haben. Danach ging es dann

Schlag auf Schlag. Verfolgungsjagd des Stiefvaters, weil er uns alle stalkte. (Schulweg, Übergangswohnung, Telefon, Kollegen...) Möbel raus, Unterschlupf im Schwesternwohnheim. Polizei, Psychiatrie, schließlich ein echter Suizid, draußen im Wald.

Meine Mutter hat eine lange Zeit versucht, für ihn da zu sein. Sie hoffte immer, dass es mit „ausreichend Liebe" schon besser würde. Hier kam ihr die ureigene Resilienz zugute. Aber dann begann Plan B, den sie langsam vorbereitet hatte. Sie hatte eine unendliche Kraft in sich. Wie eine Wolfsmutter passte sie auf uns auf.

Krisen öffnen neue Türen

Was ich Ihnen an der Geschichte meiner Mutter zeigen möchte, ist, dass Menschen nach einer Krise über nachhaltige positive Effekte in ihrem Leben berichten. „Dramatische negative Erfahrungen können unseren Status quo so erschüttern, dass eine Tür zur Veränderung geöffnet wird", meint Campbell, „man kann dann entweder in Alkohol oder Depressionen versinken, oder man wird ein stärkerer, besserer Mensch."[18]

Um dieses Persönlichkeitswachstum in Gang zu setzen und mit der neuen Realität zurechtzukommen, bedarf es allerdings einer bewussten Anstrengung. Man muss willens und fähig sein, diesen Prozess auf sich zu nehmen, und genau dies ist der Unterschied zwischen Menschen, die aus Katastrophen gestärkt hervorgehen, und denen, die durch sie aus der Bahn geworfen werden.[19]

Ihnen möchte Ihnen jetzt, wie versprochen, genauer den Rettungsring, die „Du schaffst das schon"-Leitsätze, vorstellen. Dieses Mal beruhen die Informationen nicht nur auf dem Erfahrungswissen meiner Mutter, auf ihrem „Du schaffst das schon"-Prinzip, sondern ich untermauere sie mit weiteren Erläuterungen. Das Ziel bleibt gleich: Ich möchte Ihnen einen roten Faden geben, der Sie aus Ihrer Krise führt.

---

18 McGowan, 2012
19 Ebd. S. 20

Halt jetzt an

Nehmen Sie Ihre persönliche Auszeit

„Wer innehält, sucht innen Halt." Diesen weisen Satz erhielt ich während eines persönlichen Coachings von Sylvia Rüter (Hannover). Eine der tiefgreifendsten Möglichkeiten, sich einer Krise zu stellen, ist die Stille. Inmitten der Stille, der persönlichen Auszeit werden Sie mit sich selbst konfrontiert. Sind Sie allein, dürfen Sie das tun, was keiner sieht. Sie dürfen:

- Schmerz (oder die Verwirrung, die Unklarheit, der Unzufriedenheit oder alle anderen Emotionen) zulassen;
- Ihren Zustand benennen, ihn zulassen;
- ihn herausschreien;
- ihn beweinen,
- ihn herausatmen,
- einfach nur sein.

Als Erstmaßnahme bei Schockzuständen (wie die plötzliche Erkenntnis des Verlassen-Werdens, des Seitensprungs, des Verlustes, des Widerstands etc.) ist das Anhalten eine Erste-Hilfe-Strategie.

Umsetzung in der Krise

Eine meiner Übungen für das Innehalten besteht darin, einen ruhigen Raum aufzusuchen. Eine Weile ist mein Körper noch unruhig, in Bewegung, weil sich alles Drumherum zu bewegen scheint. Dann blende ich die Geräusche und das Außen aus. Um mehr und mehr zur Ruhe zu kommen, wie ein Brummkreisel, der langsam ausdreht, ruhiger wird und schließlich auf der Seite liegen bleibt. Dann bleibe ich ruhig. Je nach Schock oder Intensität des momentanen Gefühls stehe ich, lehne mich an, setze mich hin (draußen am liebsten auf den Boden) oder liege.

Dann schließe ich die Augen, lege die Hände aufs Gesicht und lasse bewusst los. Das Atmen trägt mich durch die Tränen, die aufsteigen. Ich bin still, lasse das Denken an mir vorbeiziehen, fühle, minutenlang ... bis dann, gleich einer Meditation oder einem Gebet, die Stille kommt. Wenn ich durch das Weinen leerer geworden bin, verspüre ich nach einigen Minuten einen Sog in mir, der etwas Frisches in mich hineinfließen lässt. Reingewaschen fühle ich mich, angenehm nackt. Geerdet.

„Das Innehalten ist sehr entscheidend, weil es uns erlaubt, uns selbst wahrzunehmen und einfach zu beobachten, was passiert. Dadurch vergrößert sich der Abstand zur Situation und das gesamte Geschehen verlangsamt sich. Es mag vielen Menschen ungewöhnlich erscheinen, wenn sie merken, dass ihre Gefühle gar nicht von der Situation oder dem Gegenüber ausgelöst werden, sondern dass sie selbst dafür verantwortlich sind."[20]

Verlassen Sie Ihre Gedanken-autobahn

Das Innehalten dient der Neuorientierung Ihrer Wahrnehmung und Interpretation. Sie können sich eine Auszeit von Ihrer Gedankenautobahn nehmen. Ich möchte Sie mit diesem ersten Schritt einladen, Ihre bisherigen Deutungs- und Denkmuster zu hinterfragen und zu überprüfen. Damit das möglich ist, stelle ich Ihnen zwei Modelle vor, und Sie picken sich das heraus, das für Sie am hilfreichsten ist.

Byron Katies Modell: „The Work"

Byron Katie ist US-amerikanische Bestsellerautorin und wurde vor allem durch ihre Methode „The Work" bekannt, die sie aus einer überwundenen schweren Krise heraus entwickelte. „The Work" geht davon aus, dass Menschen oft unter bestehenden Glaubenssätzen und Überzeugungen leiden und dass es ihnen allein dadurch schon besser geht, wenn sie diese hinterfragen und beleuchten.

Sehen Sie Ihre eigene Wirklichkeit wirklich richtig?

Immer wieder kommen Menschen auf mich zu und raten mir, das Konzept von „The Work" zu nutzen, weil es ihnen selber gutgetan hat. Ich wiederum empfehle es anderen. Es ist ganz einfach: Mittels ausgewählter Fragen, die zum Nachdenken und Überprüfen der eigenen Wirklichkeit anregen, können Sie sehr Erhellendes erfahren.

20 Messer 2011, S. 17

Sind Ihre Glaubenssätze wirklich wahr?

Erste Frage: „Ist es wahr?

Dies ist die einfachste Frage, um Ihren Vorannahmen, Glaubenssätzen oder Interpretationen auf die Spur zu kommen. Decken Sie auf, was Sie denken, wie etwas ist. Ist es wahr, was Sie denken? Wer entscheidet das? Wenn Sie sich dieser Frage stellen, sollten Sie aufmerksam auf Ihr Inneres lauschen. Warten Sie.

Kennen Sie solche Sätze?

- „Ich kann nicht mehr."
- „Ich halte es nicht mehr aus."
- „Ich komme nicht mehr weiter."
- „Ich gehe kaputt."
- „Ich weiß nicht weiter."
- „Ich möchte mich am liebsten umbringen."
- „Ich bin ungeliebt."
- „Ich bin allein."
- „Ich bin verloren."
- „Ich möchte nicht mehr."
- „Mama ..."
- „Oh Gott ..."

Solche Sätze wiegen 100.000 Pfund und drücken zu Boden. Aber sind diese Sätze wahr? Und, wenn ja, wie wahr sind sie? Ist es beispielsweise wahr, dass Sie verloren sind? Was ist „verloren"? Sie? Ihr Leben? Manchen Menschen fällt gerade diese erste Frage sehr schwer. Denn es kommen Gedanken wie: „Ich will das nicht wahrhaben." – „Das kann nicht sein,es ist zu schwer." Diese Frage kann Schmerz bewirken oder lösen. Sie kann einen Kampf, einen Widerspruch zwischen der Realität, Ihrem Denken und der Wahrheit auslösen. Ganz im Sinne des Psychologen Werner Bock möchte ich Ihnen sagen: „Was ist, darf sein, und was sein darf, kann sich verändern."

Halten Ihre Glaubenssätze über lange Zeit stand?

Zweite Frage: „Kannst du wirklich wissen, dass es wahr ist?"

Können Sie wirklich wissen, dass Ihr Glaubenssatz wahr ist? Können Sie wirklich wissen, dass es wahr ist – auch auf lange Zeit betrachtet? Fragen Sie sich auch: „Kannst du wissen, dass es für den einen oder die andere besser wäre, wenn die Realität so wäre, wie du es dir vorstellst?"

Die Frage lädt zur Meditation oder Reflexion ein. Wir werden freundlich gezwungen, anders zu werten und zu denken.

Dritte Frage: „Wie reagierst du, was geht in dir vor, wenn du an deinem Glaubenssatz festhältst?"

Auch dieser Schritt ist sehr ungewohnt. Er leitet einen möglichen Widerspruch zwischen Realität und Ihrem Denken ein. Gedanken und Glaubenssätze können sich sehr verwirren oder entwirren. Die Welt könnte ganz anders sein, als Sie sie sich bisher dachten. Ich finde es hilfreich, sich genau in diesem Moment auf die seelische Befindlichkeit zu konzentrieren. Stellen Sie fest, was Sie fühlen, und damit meine ich wirkliche Gefühle. Nicht solche, die da heißen: „Ich fühle mich im Unrecht." Denn das ist ein Pseudogefühl. Aber verfolgen Sie diese Fährte und fragen Sie sich: „Wie fühlt es sich an, im Unrecht zu sein? Welches Gefühl liegt dahinter?" Sie werden meist Gefühle wie Angst, Stress, Schmerz, Sorgen, kurz gesagt: Kummer finden. In diesem Schritt geht es nicht darum, Ihre Glaubenssätze zu ändern. Vielmehr geht es darum, sie in ihrer Bedeutung zu erkennen. Hinter allem, was Sie denken, fühlen oder konstruieren, verbirgt sich eine positive Absicht. Wenn Sie sie entdecken, können Sie sich deutlicher mit ihr und dem darüber liegenden Glaubenssatz aussöhnen.

Wie fühlen Sie sich mit Ihren Glaubenssätzen?

Hier kann der erste Schritt aus der Sackgasse sein. Verstand, Erfahrung, Herz und Vorstellungen bewegen sich auf einer neuen Ebene und möglicherweise beginnt hier das Loslassen eines Glaubenssatzes.

Nächster Schritt: „Wer oder wie wärst du ohne diesen Glaubenssatz?"

Dies ist keine Frage, sondern eine Einladung oder Anleitung, sich mit den eigenen Gedanken zu beschäftigen. Die Beschäftigung damit erfordert Ihre ganze Fantasie oder Vorstellungskraft. Hier ist auch Ihr Herz das antwortende Faktum, nicht der Verstand. Ihr Kopf denkt womöglich: „Ich würde mich aufgeben, ich würde kaputtgehen." Ihr Herz aber beginnt zu ahnen, dass Sie frei werden können. Diese Frage ist die Einladung an Sie, sich die großen schweren Steine von den Schultern zu nehmen, die Augen zu öffnen und eine persönliche Freiheit und Unabhängigkeit zu bekommen.

Könnten Sie ohne Ihre Glaubenssätze leben?

Nächster Schritt: „Finde die Umkehrung"

Die Umkehrung hält uns einen Spiegel vor

Aus dem Satz: „Michael sollte mich verstehen!" wird: „Ich sollte mich verstehen!" und/oder: „Ich sollte Michael verstehen!" Manchmal gibt es mehrere Umkehrungen. Jede einzelne ist in sich wahr und wahrer als die Umkehrung davor. Die Umkehrung ist der Spiegel. Die Umkehrung ist das Urteil über Sie. Es ist die Erkenntnis über das, was Sie nach draußen, in Ihre Umgebung geben. Die Umkehrung ist Ihre Möglichkeit, Ihre Welt wirklich zu verbessern, indem Sie das, was Sie sich von anderen wünschen, selber für sich tun. Sie müssen es nicht mehr von anderen fordern oder erbitten. Die Umkehrung zeigt Ihnen, wer Sie wirklich sind. Sie verrät Ihnen auf magische Weise, was Sie selbst tun sollten, statt es von anderen zu fordern. Sie offenbart Ihren eigenen Schatten, also den Teil, den Sie nicht sehen wollen oder konnten. Viele Krisen, speziell im Bereich der Beziehungen, finden hier eine Lösung: Sie wollen etwas vom anderen, Sie erwarten ein ganz bestimmtes Verhalten. Wenn Sie dann genauer forschen, also innehalten und sich selber fragen, stellt sich oft heraus, dass Sie selbst sich dem anderen gegenüber vermutlich schon so verhalten oder denken, dass es kontraproduktiv ist.

Die Umkehrungen:

- kosten auf den ersten Blick Kraft, auf den zweiten sind sie ein wirkliches Geschenk.
- zeigen uns, wer wir sind.
- zeigen uns auf, wie wir leben können, wie wir handeln können.
- sind absolute Selbsterkenntnis.
- sind Medizin für das Herz und die Seele.

Das Ärger-Modell

Hier finden Sie einen weiteren Gedankenanstoß, den ich selber sehr oft nutze und weitergebe. Paola Molinari, eine geschätzte Trainer-Kollegin, hat etwas sehr Wahres über den persönlichen Ärger gesagt: Wenn wir uns ärgern oder unzufrieden sind oder in eine Krise hineinschlittern bzw. mittendrin sind, gibt es oft drei Ursachen:

1. Der oder die andere hat etwas, was wir selber gern hätten. Das kann eine Fähigkeit sein, ein Verhalten, ein Status, Möglichkeiten. Er oder sie hat eine Geliebte, die wir auch gern hätten, er oder sie hat mehr Geld, hat das Auto, von den wir schon lange träumen, das Haus, das wir auch am liebsten hätten, oder die Position, von der wir denken, dass wir der richtige Mensch dafür wären.

Unser Ärger kann drei Ursachen haben ...

2. Er oder sie konfrontiert uns mit unseren Schattenseiten. Das fällt uns oft schwer, denn meist sind uns unsere Schattenseiten gar nicht bewusst. In der Projektion auf andere können wir sie allerdings sehen. Bei jemandem anderen fällt uns auf, was wir selber bei uns verdecken. Ein kostbarer Hinweis also auf uns selbst.

3. Das Verhalten des Gegenübers weckt einen alten Schmerz, den wir seit Jahren unterdrücken. Den haben wir alle. Bis auf wenige Ausnahmen trägt jeder Mensch etwas mit sich herum, was noch aus Kindertagen stammt und schmerzhaft in seinem Inneren wohnt. Nicht alles davon heilt automatisch. Oft genug drücken wir es weg. Wollen damit (z. B. der Angst, nicht genug zu sein, allein gelassen zu werden etc.) nichts zu tun haben. Wir vermeiden dann bewusst Situationen, um nicht in Kontakt mit diesen Anteilen kommen. Aber dann taucht jemand auf, der uns damit konfrontiert, ohne es zu wissen.

Das Ergebnis jeder dieser drei Optionen ist, dass unsere Irritation, Verärgerung oder der Zorn auf einem ganz anderen Grund basieren, als wir zunächst glauben. Wir sind es einfach zu sehr gewohnt, den anderen die Schuld zu geben oder sie zur Verantwortung zu ziehen.

Tatsächlich hat unsere Verärgerung also oft nichts mit anderen zu tun, sondern immer mit uns selbst. Auch die Ursache liegt in uns selbst. Wenn wir uns bewusst machen, dass ein Teil der Krise bei uns liegt, haben wir zugleich auch die Möglichkeit, drastische Veränderungen vorzunehmen. Allerdings reicht auch dieses Modell nicht für alles, was in unserem Leben anfällt. Wenn wir betrogen worden sind, sind wir betrogen worden. Aber das Gefühl dahinter, die tiefe Verlustangst, ist ein Schlüssel für uns. Denn nun haben wir eine Ahnung, wo unser wunder Punkt ist.

... beginnt aber immer in uns selbst

Iss erst einmal was bzw. lass uns etwas essen

Das klingt nach einem einfachen Tipp – doch ich meine nicht die Chipstüte auf der Couch, sondern das achtsam oder auch nur ganz einfach gestaltete Essen. Dahinter steht folgende Überlegung: Bei Krisen hilft es, eine kleine Unterbrechung zu schaffen, indem Sie zum Beispiel etwas trinken oder essen.

Mein persönliches Beispiel

Letztes Jahr auf der Rückfahrt vom Kroatienurlaub hatten meine Tochter und ich diverse Autopannen zu überstehen. Ein kapitaler Motorschaden auf der Autobahn in Österreich machte das Maß voll. Es war die fünfte Panne in diesen Wochen. Unser Nervenkostüm war entsprechend dünn. Meine Tochter war zu Recht genervt. Ich überschlug im Geiste die sicherlich hohen Reparaturkosten. Kurzum: Wir hatten keinesfalls eine heitere Urlaubsstimmung, als wir in brütender Hitze auf den Service-Techniker warteten. Genau in diesem Moment bereitete ich ein kleines Mahl zu. Apfel, Reiswaffeln und ein wenig Brotaufstrich gab unser Proviantkörbchen noch her. Neben der Sättigung war dies zugleich ein Moment der Sammlung, des Zusammenseins und des Abschaltens.

Essen kann ein Anker sein

Diesen Aspekt, anzuhalten und etwas zu essen, möchte ich ausweiten. Insbesondere in Bezug auf ein festes Ritual, das Sie neu einführen können. Jetzt, wo es um Sie herum instabiler wird, ist eine ritualhafte Mahlzeit eine wertvolle Stütze im Alltag. Auch wenn Sie allein leben, sollten Sie mindestens eine Mahlzeit am Tag ganz besonders herrichten oder genießen. Das kann eine kleine Sache sein wie die langsam und achtsam getrunkene Tasse Tee morgens im Bett. Wichtig ist dabei die Regelmäßigkeit, mit der Sie sich die kleine Auszeit schenken. Darüber hinaus können Sie sich mit der kleinen Mahlzeit oder dem Imbiss einen persönlichen Moment schenken, der zur kleinen Kraftquelle werden kann. Bewusstes, wachsames Essen kann in Krisenzeiten eine gute Routine werden.

Ein Beispiel: Manch frischer Witwer muss nach dem Tod der Gefährtin mühsam das Kochen erlernen. Aber genau darin liegt die Chance, etwas Gutes für sich zu tun, was ein – nun nicht mehr lebender – Mensch bislang für ihn getan hat.

Umsetzung in der Krise:

Achtsames Essen beginnt schon beim Einkauf: Kaufen Sie Lebensmittel, die möglichst unbehandelt sind, aus regionalem Anbau und nährstoffreich. Vermeiden Sie Fertigprodukte und trauen Sie sich zu, ein einfaches Essen zuzubereiten. Pellkartoffeln mit Quark und Salat vielleicht. Bereiten Sie Ihre Speisen mit Wertschätzung zu. Während Sie etwa Obst und Gemüse waschen und schneiden, können Sie sich eine kleine sinnliche Pause im Alltag schenken. Achten Sie auf den Geruch, das Aussehen und die Konsistenz der Lebensmittel. Richten Sie das Essen oder den Imbiss hübsch an, selbst wenn Sie draußen essen. Vermeiden Sie Ablenkung beim Essen.

Betrachten Sie das Essen bewusst: Wie sieht es aus, welchen Farben und Formen sehen Sie? Wie fühlt sich die Nahrung an? Was gibt es zu riechen und zu schmecken? Möchten Sie das wirklich essen, was dort auf Ihrem Teller liegt? Nehmen Sie jeden Bissen bewusst in den Mund und kauen Sie genüsslich und sorgfältig. Das wird nicht immer gelingen, aber Sie wissen, dass es Ihnen guttut, wenn Sie es öfter so machen.

Decken Sie Ihren Tisch auch für sich allein – oder laden Sie Freunde ein, um einfach einen Abend am Tisch zu verbringen. Mit guten Gesprächen – nicht unbedingt über die Krise, sondern einfach als Versicherung für Sie: Ich bin nicht allein. Und ich kann es mir gutgehen lassen – egal, wie die Welt auch aussieht.

Es ist, wie es ist

Was ist wirklich geschehen? Was bedeutet das, was geschah, und welche Konsequenzen hat es? Gerade in einer Krise ist es noch wichtiger als sonst, dass Sie möglichst klar erkennen, was wirklich geschehen ist. Doch das ist schwieriger, als Sie vielleicht glauben. Aus vier Gründen:

Warum wir oft nicht erkennen, wie es wirklich ist

Wir schaffen unsere eigene Realität

Wir nehmen das, was wir Realität nennen, niemals so wahr, wie es ist. Niemals können wir alles um uns herum erfassen, wir erfassen lediglich das, was unsere Sinnesorgane aufnehmen und uns transformiert übertragen. Atome, Moleküle oder bestimmte Schwingungen (wie z. B. Energiefelder) nehmen wir nicht wahr. Stattdessen erfassen wir Temperaturen, Geräusche, Gerüche, Töne und Farben.

Es ist nur ein kleiner Teil des großen Ganzen, den wir wahrnehmen

Wir erfassen niemals alles, was um uns herum ist. Neben dem Hören, Sehen, Riechen, Schmecken und Fühlen gibt es noch andere Reize, die wir wahrnehmen können. Den meisten Menschen stehen also nur die Informationen zur Verfügung, die sie über ihre Sinnesorgane erhalten. Dabei erfasst unser Unterbewusstsein wesentlich mehr als unser Bewusstsein. Tatsächlich ist es ein sehr kleiner Bereich, den wir wahrnehmen. Und meistens genau der, den wir auch sehen wollen.

Unser Bewusstsein verarbeitet nur bestimmte Informationen

Unser Gehirn und unser Bewusstsein sortieren aus, was uns – gemäß unserer Prägung – zu viel wird. Es können uns nicht alle Reize aus der Außenwelt erreichen, dazu sind es zu viele. Tatsächlich kann der Mensch – hier schwanken die wissenschaftlichen Erkenntnisse ein bisschen – zwischen 40 bis 60 Bits (oder Sinnesreize) pro Sekunde bewusst erfassen, vorausgesetzt, alle Sinne sind aktiv. In der gleichen Sekunde nimmt das menschliche Unterbewusstsein jedoch elf bis 15 Millionen Bits auf.

Verschiedenheiten sind uns nicht besonders bewusst

Informationen aus unserer Umgebung, wie zum Beispiel Farben, Töne, Geräusche, Verhaltensweisen von anderen Menschen, müssen ein bestimmtes Ausmaß haben, ehe wir sie überhaupt unterscheiden können. Speziell in herausfordernden Momenten selektiert unser Unterbewusstsein zwischen wesentlich oder nicht. Damit schützt es uns vor Überforderung. Ganz nach dem Motto „Ich mach mir die Welt, wie sie mir gefällt" von Pippi Langstrumpf sorgen wir – bewusst oder unbewusst – dafür, dass unsere Welt so ist, wie sie ist. Es ist hilfreich, in solchen Situationen Freunde hinzuziehen, die unser aktuelles Weltbild vielleicht liebevoll zurechtrücken und uns eher einen vorsichtigen Gegenwind ins Gesicht pusten. Der kann unseren Kopf und unsere Gedankenwelt klarer machen als das Vertiefen unserer eigenen Glaubenssysteme.

Krisen sind ein Teil des Lebens

Was ist also eigentlich los? Gibt es wirklich ein Ereignis, das sich zur Krise auswächst? Oder haben Sie vielleicht etwas missverstanden? Wenn Sie in einer Situation feststecken, weil Sie verlassen worden sind, einsam sind und sich traurig fühlen, Sorgen (finanzielle, gesundheitliche, existenzielle etc.) haben oder sich durch eine ärztliche Diagnose mit der Endlichkeit des Lebens beschäftigen müssen, dann hören Sie jetzt auf zu analysieren. Die Suchen nach Schuldigen und Verantwortlichen ist fruchtlos und hält einen Kreislauf aufrecht, der nicht produktiv ist. Meist entstehen daraus Gefühle von Ohnmacht oder eine Opferhaltung. Vergessen Sie die Schuldfrage. Blicken Sie nach vorn. Unmittelbar jetzt erfahren Sie, dass Ihr Leben nicht perfekt ist. Das muss es aber auch nicht sein. Erinnern Sie sich lieber an das, was ich zu Resilienz sagte. Menschen mit Resilienz nehmen vieles hin: Unglück, Enttäuschung und Widrigkeiten sehen sie als unvermeidliche Teile des Lebens. Sie sehen sogar einen Nutzen in der Mehrdeutigkeit und Vielschichtigkeit von Situationen oder Ereignissen. Selbst scheinbare Widersprüche werden von ihnen akzeptiert. Menschen mit einer ausgeprägten Akzeptanz lassen sich von Schicksalsschlägen berühren und erkennen an, dass Krisen zum Leben gehören; dass es normal ist, dass etwas ihr Denken und Fühlen durcheinanderbringt, sie tiefer als gewöhnlich erschüttert.

Lassen wir solche Erschütterungen nicht zu, so „verhindern wir den intensiven Prozess, durch den wir zu wahrer Akzeptanz gelangen können: die Realisierung und Verarbeitung des Geschehens, die individuelle Anpassung an die veränderte Situation und die Integration in die Gesamtheit unserer Lebenserfahrungen“.[21]

---

21 Gruhl 2010, S. 124

Unser Leben hat eine Fülle an Herausforderungen: Kinder sterben, bevor sie auf die Welt kommen, Eltern sterben viel zu früh, Lebenspartner trennen sich, Krankheiten stellen uns auf die Probe. Aber auch durch kleine, ganz lapidare Dinge können wir „die Krise kriegen“: der letzte Parkplatz ist weg, eine der vielen PIN-Nummern vergessen, ständig dasselbe Ärgernis. Wir können immer wieder nur etwas akzeptieren und hinnehmen.

Lassen Sie die anderen gewähren

Im Umgang mit anderen Menschen zeigt sich Akzeptanz darin, dass Sie sie von nun an einfach gewähren lassen. Die Gefühle, Gedanken und Reaktionen anderer sind deren Sache. Bei „Grenzüberschreitungen“ können Sie Feedback geben, aber Sie können andere Menschen nicht ändern. Dasselbe gilt auch für Sie.

Umsetzung in der Krise:

Lehnen Sie sich nicht gegen das Unabänderliche auf. Lernen Sie damit umzugehen:

- Lassen Sie Ihre Geduld wachsen. Sie entsteht, wenn Sie akzeptieren. Erst durch innere Geduld entsteht der Prozess der Akzeptanz. Geben oder nehmen Sie sich Zeit zum Verarbeiten der Ereignisse.
- Akzeptieren Sie das totale Gefühlschaos. Versuchen Sie, die Vielfalt an Emotionen zu genießen. Nehmen Sie sie als persönliche Erkenntnis wahr. Es ist ein Hinweis auf Ihren inneren Reichtum. Und sie gehört dazu.
- Denken Sie daran: „Alles fließt", nichts lässt sich festhalten. Schon gar nicht andere Menschen (oder deren Verhalten), Ereignisse oder das Leben. Je mehr Sie etwas festhalten, was Sie nicht ändern können, desto mehr würde es Sie beherrschen.
- Was bewegt Sie, wenn Sie etwas nicht akzeptieren können? Seien Sie sich selbst und den Themen Ihres eigenen Lebens gegenüber versöhnlich. Akzeptieren Sie sich, auch wenn bei Ihnen noch nicht alles im Reinen ist.
- Nehmen Sie Widerstände als Chance und Weg zu weiterer Erkenntnis an. Wenn Sie bei sich oder anderen einen Widerstand wahrnehmen,

dann hilft es, ihn zu akzeptieren und tiefer zu gucken. Welchen Einwand gibt es, was ist die gute Absicht dieses Widerstandes? Meist sagt ein Widerstand deutlich, wofür er steht. Oft ist es ein tieferliegendes Bedürfnis wie Sicherheit.

Eins nach dem anderen

„Eins nach dem anderen" bezieht sich auf zwei zentrale Aspekte der Krisenbewältigung:

- In kleinen Schritten vorwärtsgehen und dabei achtsam feststellen, was es bereits für Änderungen gibt. Hierdurch können Sie sich entlasten und recht einfach positive Aspekte erkennen.
- Eine Strategie haben und auch zum Ziel kommen. Um dann einen Schritt nach dem anderen zu machen und sich auch an den Zwischenerfolgen zu freuen.

Sie entscheiden, wie Sie mit Ihrer Krise umgehen …

Vielleicht müssen Sie im Moment noch manches aushalten, wie zum Beispiel eine intensive oder schmerzhafte Therapie, die Regelung der Trennung und ihrer Folgen, die Bestattung eines Menschen, den Sie lieben, die Suche nach einem neuen Arbeitsplatz. Es liegt in Ihrer Hand, wie Sie mit allem umgehen und wie Sie es bewerten. Sie entscheiden, ob Sie den Blick nach hinten in die Vergangenheit oder nach vorn in Richtung Zukunft richten.

… doch am Anfang steht immer ein kleiner erster Schritt

Bevor Sie sich an große Lebensziele und große Schritte machen, sollten Sie sich vor Augen halten, das schon ein kleiner Schritt, eine kleine Bewegung genügt, um aus der Passivität und Ohnmacht herauszukommen. Auch wenn Sie gerade Ihr Bett nicht verlassen können, weil Sie eine Therapie machen, so können Sie doch in Ihrem Geist die nächsten Schritte gehen. Sie können tagträumen, sich eine Zukunft ausmalen oder sich Wünsche sorgsam bewusst machen. Auch im Alltag oder hinter Ihrem Schreibtisch kann es schrittweise weitergehen.

Bei manchen Menschen stellt sich eine Art Sisyphos-Gefühl ein. Oft sind Menschen in diesen schwierigen Lebenssituationen auch von der Menge der Aufgaben, die vor ihnen liegen, erschlagen. Das weckt Gefühle wie Mutlosigkeit, Machtlosigkeit und Kraftlosigkeit. Oder aber es herrscht ein derartiges Chaos in ihrer Welt, dass sie planlos vorwärtsstolpern.

Der erste Schritt: Gehen Sie los

Der erste Schritt kann eines der folgenden Dinge sein:

- Geben Sie der Krise einen Namen – vielleicht sogar einen recht versöhnlichen.
- Öffnen Sie sich anderen.
- Stoppen Sie das Gedankenkarussell.
- Lassen Sie einen alten Glaubenssatz zurück (oder auch mehrere).
- Reden Sie mit Personen Ihres Vertrauens.

Der erste Schritt reißt Sie aus der Lethargie

So werden Sie zu jemandem, der etwas aktiv unternimmt, um seine Lage zu verbessern. Es lohnt sich auch der Blick zurück auf den bisherigen Lebensweg. Dabei können wir feststellen, dass es immer einen ersten Schritt brauchte: Ohne Bewerbung gab es keinen Job.

Ganz entscheidend bei diesem „ Schritt für Schritt" – insbesondere beim ersten Schritt – ist das Bewusstsein dafür, wirklich losgegangen zu sein. Jetzt sind Sie in der richtigen Stimmung, um den Blick weiter nach vorn zu richten.

Der zweite Schritt: Suchen Sie nach einer Lösung

Fokussieren Sie auf Lösungen

Jetzt dürfen Sie langsam Ihre Zukunft planen, indem Sie bewusst einen Blick zurückwerfen: Konzentrieren Sie sich auf Lösungen und lassen Sie sich nicht aus der Ruhe bringen. Die als „Moderationsfrau" bekannte Trainerin Nicola Fritze rät zu folgenden Fragen:

„Mein Problem ist: ____________________

- Was habe ich bisher getan, um das Problem zu lösen?
- Was davon war hilfreich?
- Was wäre eine gute Lösung, wie könnte es gehen?
- Wie sieht mein erster Schritt aus?
- Wann war ich in einer ähnlichen Situation und wie bin ich da rausgekommen?
- Angenommen, das Problem wäre gelöst, woran würde ich das erkennen?“[22]

Oder Sie gehen einmal den umgekehrten Weg. Nicola Fritze regt ebenfalls an, ein Problem zu vergrößern, um neue Lösungen zu finden. Das ist ein ungewöhnliches Denken, kann aber zu erstaunlichen Erkenntnissen führen. Diese Vorgehensweise findet sich ebenfalls in diversen Kontexten systemischen Denkens und Fragens:

- „Was müsste ich tun, um das Problem zu verschlimmern?
- Wie müsste ich denken, damit sich das Problem als unlösbar darstellt?
- Wie könnten mich andere dabei unterstützen, um es noch größer zu machen?
- Nehmen wir an, die Situation bliebe so, wie sie jetzt ist: Wie wäre es dann in fünf oder zehn Jahren?
- Was das Gute an dem Problem? Wovor schützt es mich? Was bewahrt es?
- Wofür wäre es gut, das Problem noch eine Weile zu behalten?
- Wenn das Problem plötzlich weg wäre, ich es aber noch einmal haben wollte, was müsste ich dann tun?“

Sie haben das Heft in der Hand!

Diese Fragen verdeutlichen Ihnen Ihre „Selbstwirksamkeit“. Das heißt: Sie werden sich bewusst, dass Sie selbst etwas bewirken können. Denn wenn Sie eine Situation verschlimmern können, dann können Sie sie auch positiv beeinflussen.[23]

---

22 Fritze 2013, S. 46f.
23 Ebd.

Der dritte Schritt: Erkennen Sie Ihre Stärken

Erinnern Sie sich an überwundene Krisen

Besinnen Sie sich auf Ihre Stärken: Manches Mal ist es sinnvoll zurückzublicken, um aus der Vergangenheit Kraft zu holen und Erkenntnisse. Jede überwundene Krise ist wichtig, denn daran sind Sie gewachsen. Welche schwierigen Situationen haben Sie in Ihrem Leben gemeistert? Machen Sie eine Liste, in der Sie Ihre Krisen und Herausforderungen mit Stichworten versehen. Dann lassen Sie das Ganze drei Tage liegen. Dann nehmen Sie es noch einmal zur Hand, um es um weitere Erinnerungen zu erweitern. Wählen Sie fünf Ereignisse aus, die für Ihr weiteres Leben am bedeutendsten waren. Nennen Sie auch die Erkenntnis, die Sie daraus gewonnen haben. Danach geht es darum, herauszufinden, wie genau Sie Ihre Krise gemeistert haben. Die Stärken von damals stecken noch in Ihnen. Sie können jederzeit darüber verfügen.

Reflektieren Sie Ihre fünf wertvollsten Situationen:

Situation	Eingesetzte Strategien, Verhaltensweisen, Qualitäten, Kompetenzen, Kenntnisse und Fähigkeiten
1	
2	
3	
4	
5	

Jetzt wissen Sie, welche Ihrer Kompetenzen für die Bewältigung der Krise gesorgt haben. Wenn Sie jetzt an Ihre Stärken und Kompetenzen denken, die dazu beigetragen haben, die damaligen Schwierigkeiten zu überwinden, wie fühlen Sie sich dann? Welche Gefühle löst das bei Ihnen aus?

Der vierte Schritt: Gestalten Sie Ihr Leben

Reflektieren Sie die Lage

Lassen Sie uns nun damit beginnen, ein Ziel für Sie zu bestimmen. Meine geschätzte Kollegin Sabine Asgodom hat dafür Fragen entwickelt:

- „Was hättest du am liebsten, was geschehen soll?
- Was war dein erster Gedanke dazu?
- Was ist dein stärkstes Argument?
- Heißt das, du würdest lieber ...?
- Was hat der andere davon?
- Welche Aber hast du noch im Kopf?
- Was wäre die einfachste Lösung?
- Wer kann dir dabei helfen?
- Was hält dich davon ab,es zu tun?
- Was könnte schlimmstenfalls passieren?
- Und bestenfalls?
- Ab wann wirst du was tun?
- Was muss sich ändern, damit du ...?
- Willst du es wirklich?
- Was würde passieren, wenn ...?
- Was bist du bereit zu riskieren?“[24]

Werden Sie pro-aktiv

Um Gestalter Ihres Lebens zu werden, haben Sie die Möglichkeit, selbst aktiv zu werden. Bestseller-Autor Stephen R. Covey nennt es „pro-aktiv“. Pro-Aktivität „bedeutet mehr, als einfach nur die Initiative zu ergreifen. Es heißt, dass wir als Menschen selbst für unser Leben verantwortlich sind. Unser Verhalten ist eine Funktion unserer Ent-

24 Asgodom 2012, S. 55

scheidungen, nicht der gegebenen Bedingungen. Wir können unsere Gefühle Werten unterordnen. Wir haben die Initiative und die Verantwortlichkeit, Dinge zu gestalten. Die Fähigkeit, einen Impuls einem Wert unterzuordnen, ist die Essenz eines pro-aktiven Menschen. Reaktive Leute werden von Gefühlen, den Umständen, den Bedingungen oder von ihrer Umwelt getrieben. Pro-aktive Menschen erhalten den Antrieb aus ihren Werten – sorgfältig überdachten, ausgewählten und internalisierten Werten. Natürlich werden auch pro-aktive Menschen von äußeren, also physischen, sozialen oder psychologischen Reizen beeinflusst. Aber ihre Reaktion auf die bewussten oder unbewussten Reize ist eine auf Werten beruhende Wahl oder Antwort."[25]

Covey sieht bei der Betrachtung und Entwicklung unseres Lebenssinns bzw. der persönlichen Berufung folgende grundlegende Paradigmen: Sicherheit, Orientierung, Weisheit und Kraft. *Sicherheit* heißt Ihr Selbstwertgefühl, Ihre Identität, emotionaler Anker, Ihre Selbstachtung, Ihre grundlegende persönliche Stärke oder das Fehlen derselben. Orientierung bedeutet die Quelle Ihrer Ausrichtung im Leben. Ihre Landkarte, Ihr innerer Bezugsrahmen, der für Sie das interpretiert, was da draußen vor sich geht; das schließt Standards, Prinzipien oder implizite Kriterien ein, die Sie bei Ihren aktuellen Entscheidungen und Taten leiten. Weisheit ist Ihre Perspektive im Leben, Ihr Gefühl von Ausgewogenheit, Ihr Verständnis davon, wie die verschiedenen Teile und Prinzipien in Beziehung zueinander stehen und anwendbar sind. Sie umfasst Beurteilung, Unterscheidungsvermögen, Einverständnis. Sie ist eine Gestalt oder Einheit,ein integriertes Ganzes. Kraft ist die Fähigkeit oder Fertigkeit zu handeln, die Stärke und Macht, etwas zu leisten. Es ist die vitale Energie, Entscheidungen zu treffen und zu wählen. Sie schließt außerdem die Fähigkeit ein, tief eingegrabene Gewohnheiten zu überwinden und höhere, effektivere, auf Prinzipien beruhende Gewohnheiten zu kultivieren. Diese vier Faktoren – Sicherheit, Orientierung, Weisheit und Kraft – sind interdependent. Sicherheit und klare Orientierung führen zu wahrer Weisheit,

25 Covey 1995, S. 68ff.

Weisheit wird zu dem Funken oder Katalysator, der Kraft freisetzt oder lenkt. Wenn diese vier Faktoren gemeinsam vorhanden sind, miteinander in Einklang stehen und einander beleben, dann schaffen sie die große Stärke einer edlen Persönlichkeit, eines ausgewogenen Charakters, eines wunderbar integrierten Menschen.“[26]

Auch mit dem „ Das schaffst du schon“-Programm sind Sie gut aufgestellt, denn Sie achten auf Ihre Sicherheit, beschäftigen sich mit Ihr, erlangen Klarheit, und auch Ihre persönliche Kraft kann wachsen.

Meine mentale und körperliche Kraft trainiere ich intensiv. Bewusst setze ich mich dem Lauf- und Krafttraining aus, sodass mein Körper mich trägt und mir Kraft gibt. Um das wiederum in mein Leben zu integrieren, brauche ich die mentale Kraft. Diese Kraft wächst durch meine intensive Auseinandersetzung mit dem Leben in vier wertvollen Bereichen:

Welche Bereiche Ihres Lebens stehen gerade im Mittelpunkt?

26 Ebd., S. 101ff.

Schauen Sie sich jetzt das Schaubild an und überlegen Sie, welche Bereiche zurzeit in Ihrem Leben besonders wichtig sind bzw. welche mit Ihrer Krise zu tun haben. Vergeben Sie Prozentzahlen für die einzelnen Bereiche:

- Körper & Gesundheit
- Arbeit & Leistung
- Familie & Kontakte
- Sinn & Kultur

Wenn das Bild ein Kuchen wäre – wie groß wären die Stücke?

Der fünfte Schritt: Suchen Sie Ihren Lebenstraum

Bestimmen Sie Ihr Lebensziel

Leben heißt auch, eine bestimmte Aufgabe zu haben, eine Mission zu erfüllen. Vielen Menschen fehlt die Vision einer Zukunft, ein brennender Wunsch, was sie noch erleben und erkunden möchten. Sie haben dazu jetzt die Gelegenheit. Fragen Sie sich: „Welchen einen großen Traum würde ich träumen, wenn ich wüsste, dass ich nicht scheitern kann?" Diese Frage erlaubt Ihnen, nur das im Blick zu haben, was Sie wirklich mit größtem Erfolg tun wollen, Ihren eigenen schönsten Traum.

Übung

Nehmen Sie ein Blatt Papier und einen Stift und machen Sie sich bitte Notizen:

- Welchen Lebenstraum haben/hatten Sie? Wollen Sie ihn verwirklichen? Auf einer Skala von 1–10: Wie bedeutsam ist er für Sie?
- Schreiben Sie Ihren Traum auf. Formulieren Sie ihn so, dass er wirklich stimmig ist.
- Können Sie ihn verwirklichen? Ist eine Realisierung möglich? Erfüllen Sie die Vorbedingungen, verfügen Sie auch über den nötigen finanziellen und zeitlichen Rückhalt? Geht das in Ihrem Alter? Und geht das auch mit den Mitteln, über die Sie verfügen?

- Sind Sie bereit für Ihren Traum Opfer zu bringen? Wenn ja,welche?
- Würde Ihre Familie oder Ihr Partner Sie dabei unterstützen? Besprechen Sie Ihr Vorhaben mit Ihrem Partner (oder einem guten Freund), aber treffen Sie die Entscheidung bitte allein. Es ist Ihre Entscheidung!
- Glauben Sie an sich selbst?
- Wie stark ist Ihre Überzeugung, diesen Traum Wirklichkeit werden zu lassen?
- Was wäre ein Alternativtraum?

Vielleicht helfen Ihnen auch Ihre Antworten auf die folgenden Fragen, das Ziel zu bestimmen. Nehmen Sie sich Zeit und überlegen Sie:

- Was genau lieben Sie? Was ist Ihnen besonders wichtig?
- Was hassen Sie?
- Was entfacht Ihre Leidenschaft, Ihre wahre Begeisterung?
- Was wollen Sie wirklich in diesem Leben?
- Was treibt Sie vorwärts im Leben? Was motiviert Sie wirklich?
- Welche Ihrer Entscheidungen haben Ihr bisheriges Leben positiv geprägt?
- Wie genau – mit was genau – haben diese Ihr Leben zum Positiven hin verändert?
- Was hat Sie letztlich zu Ihren erfolgreichen Entscheidungen gebracht?
- Welche neuen Entscheidungen wollen Sie jetzt umsetzen?
- Wie werden diese Ihr Leben tiefgreifend und für immer verbessern? Was denken Sie?
- Wie sieht Ihre Ziel-Vision aus? Wo genau wollen Sie hin? Was möchten Sie erreichen?
- Welche Schritte bringen Sie zu Ihrem Ziel?

Übung

Ich habe vor Kurzem in dem Buch von Walter Staples „Personal Coaching in Action" eine weitere Technik kennengelernt, um sich mit dem wirklichen Lebenssinn zu beschäftigen. Sie wenden sie an, indem Sie die nächsten drei Sätze vervollständigen:

1. Ich möchte in einer Welt leben, die voll ist von ... (Benennen Sie fünf Dinge.)
2. Ich möchte folgende Dinge tun und an andere weitergeben: ... (Benennen Sie fünf Dinge.)
3. Die herausragenden Merkmale, die am besten beschreiben, wie ich bin oder wie ich sein möchte, sind: ... (Benennen Sie fünf Dinge.)

Aus den fünf Antworten auf die Fragen wählen Sie diejenigen aus, die Ihrer Meinung nach am besten zu Ihnen passen, und kreisen sie ein. Nun haben Sie je eine Antwort auf Frage 1, 2 und 3. Als Nächstes schreiben Sie den folgenden Satz und setzen Sie Ihre drei Antworten in die entsprechenden Lücken:

„Ich erfülle meinen Lebenssinn, indem ich eine Welt schaffen helfe, die voll von 1. ... ist, indem ich 2. ... weitergebe und die Qualität 3. ... manifestiere."[27]

Sie könnten geschrieben haben: „Ich erfülle meinen Lebenssinn, indem ich eine Welt schaffen helfe, die voll von Liebe ist, indem ich Aufmerksamkeit weitergebe und die Qualität Akzeptanz manifestiere."[28]

Sie können jetzt – so gut es Ihnen möglich ist, die ersten Ziele sammeln:

„Ich möchte ..."

27 Staples 1998, S. 259
28 Ebd.

Identifizieren Sie Ihre stärksten Wünsche

Nicht alle Wünsche können wir verwirklichen und auch nicht unbedingt alle Ziele erreichen. Manches Mal ist es doch von äußeren Umständen abhängig. Aber einen Großteil unserer Wünsche können wir realisieren. Vor allem dann, wenn wir ein klares Ziel haben, eine gute Strategie und wir uns unserer Stärken bewusst sind.

Übung

Schauen Sie jetzt noch mal auf Ihre Liste mit Wünschen, Zielen und Visionen. Welches sind die stärksten?

„Meine fünf größten Wünsche:

1. …
2. …
3. …
4. …
5. …“

Noch weiter! In zehn Jahren … wo sehen Sie sich dann?
„In zehn Jahren will ich …“

Nehmen Sie sich wirklich jetzt noch einmal Ihre fünf wichtigsten Ziele vor, fassen Sie notwendige Veränderungen und Aktivitäten in einer Tabelle zusammen.

Ziele	Notwendige Veränderungen:	Eigene Aktivitäten und Initiativen:
1.		
2.		
3.		
4.		
5.		

Sie haben Ihre Liste erstellt, alle Punkte aufgeschrieben, vielleicht mit anderen Menschen gesprochen, Ratgeber aufgesucht oder Literatur gewälzt. Egal was, Sie haben jetzt eine Liste und diese Punkte müssten Sie sortieren und dann abarbeiten.

Und mit jedem Schritt, den Sie weiter sind, erlangen Sie eine neue Sicht, ein neues Ergebnis, eine weitere Perspektive. Sie haben eine kleine – wenn auch klitzekleine – Wegstrecke zurückgelegt und sind weiter. Lassen Sie sich auf dieses Wunder ein. Es braucht eine gehörige Portion Mut, darauf zu vertrauen, dass die Dinge aufeinanderfolgen und darin eine Veränderung liegt. Eines nach dem anderen funktioniert. Das gilt für die kleinen Schritte, aber auch für die großen. Nach dem Lösen und Loslassen, der Erkenntnis, dass es so ist, wie es ist, kommt der nächste Schritt:

Der sechste Schritt: Tauschen Sie sich mit anderen aus

Suchen Sie den Rat anderer

Reden Sie mit anderen Menschen über Ihre Situation. Das Sprechen kommt einer Ventilfunktion gleich, Sie entlasten Psyche und Seele damit. Der Anspruch, den viele Menschen haben, allein mit Erlebnissen zurechtzukommen, die erschüttern und überfordern, schadet. Menschen brauchen den Austausch mit vertrauten Menschen, um wichtige Entwicklungen im Leben zu besprechen. Die Rückmeldung von nahestehenden Menschen kann bei den nächsten Schritten unterstützen. Soziale Kontakte sind in Krisensituationen lebenswichtig. Und hier sind nicht die oberflächlichen Spaß-Kontakte gemeint, sondern Freundschaften und Beziehungen, die über den Spaßfaktor hinausgehen.

Damit Freundschaften und Beziehungen diese Tiefe ermöglichen bzw. nicht oberflächlich sind, brauchen Sie einen tiefen tragfähigen Kontakt zueinander. Dazu müssen Sie eine entscheidende Hürde überwinden: Ihre Beziehungen brauchen eine Ebene, in der es Ihnen möglich ist, sich als Ganzes zu zeigen – gerade wenn Sie nicht gut drauf sind, wenn Sie unsicher sind, wenn Sie mit Ihren Schwächen konfrontiert sind und sie nicht mehr ignorieren können.

Wenn Sie es schaffen, soziale Kontakte und Beziehungen aufzubauen und zu pflegen, in denen es möglich ist, über die wirklich bedeutsamen persönlichen Dinge zu sprechen, verfügen Sie über einen wirksamen-Schutzschild.

Du kannst dies machen oder jenes

Nur wenn Sie etwas ändern, ändet sich Ihr Leben

Abhängig davon, welche Krise Sie erleben oder in welchen Bereichen Ihrer Identität die Krise liegt, gibt es unmittelbar daraus resultierende Interventionen und Maßnahmen, die Sie jetzt ergreifen können. Wenn Sie einfach so weitermachen wie bisher, bekommen Sie auch nur das, was Sie bisher bekommen haben. Dabei können Sie jeden Moment den Entschluss fassen, Ihr Leben grundlegend zu ändern. Sie haben immer die Wahl!

Zeigen Sie der Welt ein Lächeln …

So gibt es Menschen, die Gestalter ihres Lebens und ihrer Denkmuster sind. Sie sehen die Welt um sich herum so, wie es ihrer Haltung, ihren Glaubenssätzen und Überzeugungen entspricht. Sie sehen Chancen und Möglichkeiten, keine Probleme. Sie spiegeln von innen nach außen. Sie nehmen ihren inneren Reichtum und ihre innere Haltung, schauen damit in die Welt und finden dann auch das Entsprechende in ihrer Umgebung. Diese Menschen lächeln in die Welt hinaus und wundern sich nicht, wenn sie mindestens genauso viel Lächeln ernten, wie sie säen.

… und nicht die hängenden Mundwinkel

Das Gegenteil sind jene Menschen, die an das glauben, was sie um sich herum sehen und wahrnehmen. Wobei wir ja inzwischen wissen, dass das ein höchst unzulänglicher Ausschnitt der Realität ist. Also wählen diese Menschen entsprechend ihrer Grundhaltung und ihrer Glaubenssätze Dinge und Ereignisse aus, die ihr Weltbild festigen. Kein Wunder, dass sie überall Schlechtes sehen. Um sie herum trieft es nur so von Pessimismus, Unglück, Gleichgültigkeit, Zweifeln, Sorgen, Angst und Missgunst. Jede Tageszeitung, jede Nachrichtensendung bestätigt diese Menschen in ihrer Sicht auf die Welt. In einer Krise oder einem krisenhaften Zustand ist es für diese Menschen nicht leicht, aus ihrem Dilemma herauszukommen.

Gehören Sie zu den Menschen, die ein wenig mehr nach dem Pippi-Langstrumpf-Motto leben und sich die Welt machen, wie sie ihnen gefällt, so haben Sie viele Möglichkeiten, relativ leicht aus der Krise herauszukommen. Gehören Sie jedoch zu den Menschen, die den Fokus eher auf die negativen Seiten richten, brauchen Sie eine neue Anregung oder ein neues Denk- und Verhaltensmuster.

Haben Sie die Fäden in der Hand?

Haben Sie Einfluss auf die Welt oder hat die Welt Einfluss auf Sie? Denn wenn Sie bisher jemand waren, der sich mehr von der Welt beeinflussen ließ, so ist diese Krise eine große Chance, das Ruder in die Hand zu nehmen und die Welt nach ihrem Gusto zu gestalten. Wissen Sie, worauf der Schalthebel bei Ihnen steht? Mit dem folgenden Test finden Sie es heraus.

Das Kontrollpunkt-Quiz (von Walter Staples)

Nutzen Sie diesen Test, um herauszufinden, wie Sie ticken, wo Ihr „Kontrollpunkt" liegt.

Glauben Sie …	Ja	Nein	Punkte
1. dass Sie im Leben hauptsächlich aufgrund eigener Anstrengungen Erfolg haben?	☐	☐	
2. dass viel Geld verdienen in erster Linie Glückssache ist?	☐	☐	
3. dass Sie durch Worte und Taten andere in positiver und vorhersagbarer Weise beeinflussen können?	☐	☐	
4. dass Sie das, was Sie erreicht haben, vor allem Ihren Beziehungen und nicht Ihrem Wissen verdanken?	☐	☐	
5. dass man lernen kann, mit anderen gut auszukommen?	☐	☐	
6. dass einer, der es mit 40 noch nicht geschafft hat, es nie schaffen wird?	☐	☐	
7. dass Sie, wenn Ihnen mehr Hilfe zuteilgeworden wäre, weiter wären, als Sie sind?	☐	☐	
8. dass Ihre Vergangenheit Sie daran hindert, heute Erfolg zu haben?	☐	☐	

Die Antworten:

1. Frage: Ja = 2 Punkte, Nein = 1 Punkt
2. Frage: Ja = 1 Punkt, Nein = 2 Punkte
3. Frage: Ja = 2 Punkte, Nein = 1 Punkt
4. Frage: Ja = 1 Punkt, Nein = 2 Punkte
5. Frage: Ja = 2 Punkte, Nein = 1 Punkt
6. Frage: Ja = 1 Punkt, Nein = 2 Punkte
7. Frage: Ja = 1 Punkt, Nein = 2 Punkte
8. Frage: Ja = 1 Punkt, Nein = 2 Punkte

Die Auswertung:

Zählen Sie Ihre Punkte zusammen und bestimmen Sie Ihren persönlichen Kontrollpunkt.

15 bis 16 Punkte: Ihr Kontrollpunkte ist in hohem Maße intern. Sie spiegeln Ihre inneren Überzeugungen in die äußere Welt. Sie bestimmen eher über die Welt als die Welt über Sie.

13 bis 14 Punkte: Ihr Kontrollpunkt ist eher intern.

10 bis 12 Punkte: Ihr Kontrollpunkt ist eher extern.

8 bis 9 Punkte: Ihr Kontrollpunkt ist in hohem Maße extern. Hier spiegelt die äußere Welt in Ihr Glaubenssytem, Sie sind damit der äußeren Welt eher ausgeliefert. Äußere Faktoren bestimmen eher über Sie als Sie selbst.

Wenn Sie herausgefunden haben, dass Ihr Kontrollpunkt extern ist, sollten Sie gegensteuern! Sie können zwar Ihr Alter und Ihre Vergangenheit (höchstens die Interpretation) nicht beeinflussen, aber Ihr Inneres. Sie haben Einfluss darauf, was Sie denken, sagen, fühlen, tun und wie Sie sich verhalten. Sie können Ihre Realität beeinflussen.

Wir nehmen die Umwelt gefiltert wahr

Sie wissen ja inzwischen, dass diverse Filter und interne Aussortierungsprogramme dafür sorgen, dass das vermeintlich „Richtige“ aussortiert bzw. einsortiert wird. Zwei dieser Filter sind jetzt besonders relevant. Der erste Filter sind Ihre Sinnesorgane. Der zweite Filter sind Ihre Überzeugungen und Glaubenssätze, mit denen Sie Informationen beurteilen und interpretieren.

Genau dieser zweite Filter ist entscheidend: Viele Menschen sammeln förmlich negative Nachrichten. Sie saugen negative Ereignisse, Katastrophen und Horrormeldungen, Gerüchte und Ähnliches auf, um dann anschließend in Schwermut zu verfallen oder sich zu sorgen. Dabei vergessen sie, dass die Nachrichten stets die Ausnahme sind, nicht der Normalfall. „Nur keine Nachrichten sind gute Nachrichten – *no news is good news.*“ Doch bei diesen Menschen entsteht der Eindruck, dass die Welt voller Gewalt, Betrug, Korruption, Krieg, Ungerechtigkeit, Benachteiligung und Egoismus ist.

Finden Sie Ihre Sicht der Dinge

Wie unser Körper verarbeitet auch das Gehirn, womit Sie es füttern. Sie müssen keineswegs alles Schlechte ignorieren, Sie sollten aber eine Balance herstellen. Sie können Ihre Welt positiv beeinflussen, wenn Sie sich wirklich bewusst machen, wie viel Positives es gibt. Dann haben Sie den Schwung und die Möglichkeiten, auch gegen Ungerechtigkeiten und Missstände vorzugehen.

Es geht immer weiter!

Schöpfen Sie Kraft aus dem Kreislauf des Lebens

Es geht immer weiter, ja das geht es. Die Welt dreht sich jede Minute, Menschen kommen, Menschen gehen. Ein ewiger Kreislauf. In der Krisenbearbeitung und der Bewältigung von drastischen Lebenseinschnitten sind zwei Aspekte ganz besonders wichtig für Sie:

1. Das Vertrauen und eine vertrauensvolle Grundhaltung in sich und das Leben.
2. Der positive Blick auf das Leben, Ihr Optimismus.

Vertrauen

Wenn Sie auf sich, auf die Zukunft vertrauen können, wenn Sie vorwärtsgerichtet denken können, wissen Sie auch in einer Krise, dass noch viel vor Ihnen liegt, dass Sie über die aktuelle Situation hinausschauen können.

Viele Menschen sagen jedoch angesichts einer Krise oder einer schrecklichen Situation, dass sie das Vertrauen verloren haben, in die Welt, in sich selbst, in andere oder in Gott. Der deutsch-US-amerikanische Psychologe Erik H. Erikson hat in seinem Modell der Lebensstufen den hohen Stellenwert von Vertrauen und Urvertrauen deutlich gemacht. Dass so kostbare Urvertrauen entwickelt sich in den ersten Wochen und Monaten eines Neugeborenen in der liebevollen und verlässlichen Beziehung zu den Eltern oder anderen primären Bezugspersonen. Es ist jenes Vertrauen in ein „Du", in ein „Ich", das wir dort durch die Liebe aufsaugen. Dieses Vertrauen ist die Basis für Selbstwertgefühl, Liebesfähigkeit, die Kraft, Enttäuschungen zu verarbeiten und sich getrost weiterzuentwickeln.

Das Urvertrauen der Kindheit wirkt auf Ihr ganzes Lebens

Menschen, denen dieses Urvertrauen nicht zur Verfügung steht, kommen – selbst bei leichtestem Gegenwind – ins Schwanken. Sie können schnell zusammenbrechen. Sicher kennen Sie auch Menschen, die ganz deutlich sagen: „Ich habe das Vertrauen verloren." Damit meinen sie dann das Vertrauen in sich selbst, in andere oder ihre Situation. Diese Haltung bewirkt – durch das Prinzip der sich selbst erfüllenden Prophezeiung – natürlich auch, dass dieser Glaubenssatz bestätigt wird.

Menschen, die über dieses intuitive Urvertrauen verfügen, haben dementsprechend weitaus bessere Voraussetzungen, mit Katastrophen und Krisen erfolgreich umzugehen. Sie haben das Vertrauen in sich selbst. Sie haben auch das Vertrauen in ihr jeweiliges Gegenüber. Sie verspüren das tiefe Gefühl, dass es sich lohnt zu leben und dass das Leben einen Sinn hat. All das sind Grundvoraussetzungen, um bei Belastungen leistungs- und handlungsfähig zu bleiben. Wenn Sie zu den Menschen gehören, denen dieses Urvertrauen fehlt, dann sollten Sie genau hier mit der Krisenbewältigung beginnen. Dies gelingt Ihnen sicherlich mit sehr guter professioneller Hilfe.

Es war Erik H. Erikson, der als Erster ein Gesamtmodell des Lebensweges entwarf, wonach sich jedem Menschen in acht großen Entwicklungskrisen von der Geburt bis zum Tod Grundaufgaben und Grundprobleme menschlicher Existenz stellen. Diesen Phasen gab Erikson Überschriften, die möglichst prägnant Chancen und Risiken eines

Jede Phase unseres Lebens kann eine Krise auslösen

Lebensabschnitts bezeichnen sollten.[29] Er ging davon aus, dass jedem Entwicklungsschritt unseres Lebens eine spezielle Lebensaufgabe zugeordnet ist, deren Lösung oder Scheitern für unser weiteres Leben entscheidend ist. Nach Erikson sind wir zeitlebens bemüht, diese Lebensaufgaben zu lösen, und werden in Krisen gestürzt, wenn wir es nicht schaffen. Das folgende Schaubild zeigt diese Grundaufgaben:

Die Lebensaufgaben und Lebenskrisen nach Erikson[30]

Stadium	Aufgabe	Misslingen der Aufgabe
1. Frühkindliches Alter	Grundlegendes Vertrauen, Vertrauen lernen	Misstrauen „Ich bin nicht lebenswert"
2. Das Kleinkindalter	Selbstkontrolle über Ausscheidungen, Willensbildung, beginnende Autonomie durch wachsende Körperbeherrschung	Scham- und Schuldgefühle (extremer Art)
3. Das Kindergarten-alter (3. Lebensjahr)	Ausprägung von Lustgefühlen (Libido), Identifikation mit der Wertewelt der Eltern (Moralsystem)	Schuldgefühle
4. Die Schulzeit	Entwicklung eines „Werkssinnes", Entwicklung der kognitiven Fähigkeiten, Wissenserweiterung	Unzulänglichkeit und Minderwertigkeit
5. Adoleszenz	Identität finden, Abnabelung von den Eltern	Unsicherheit, unklare Rollen „Ich bin nur jemand, wenn ich geliebt werde"
6. Erwachsene	Intimität lernen, Verantwortung für Gefühle, Misserfolge und Erfolge übernehmen	Isolation, Abhängigkeit
7. Lebensmitte	Neue Aktivitäten entwickeln, wenn die alten Rollen überholt sind	Stagnation, Festhalten an alten Rollen
8. Alter	Das Leben resümieren, innere Stärke, Integrität finden	Verzweiflung „Ich könnte ebenso gut tot sein"

29 Vgl. Conzen 1996
30 Vgl. Scharb 1999

Vertrauen ist der Schlüssel für viele echte Begegnungen und Kontakte. Vertrauen kann bedeuten, sich „fallen zu lassen“ und dabei gehalten zu sein. Sich mit seinen „Urängsten“ in die Hände eines anderen zu begeben.

Der Psychotherapeut Georg Pieper, Fachmann für die Therapie von Trauma- und Stresssituationen, ist der Meinung, dass sich häufig ein „Urmisstrauen“ entwickelt, wenn das Urvertrauen nicht entwickelt werden konnte, weil es keine verlässlichen Beziehungen für das Kind gab oder es sogar in einer ablehnenden und misshandelten Umgebung aufwuchs. „Charakteristika des Urmisstrauens sind Selbstzweifel und Minderwertigkeitsgefühle, Misstrauen gegen andere, Egoismus und Liebesunfähigkeit. Und auf die Gesellschaft bezogen, Existenzangst, Hoffnungslosigkeit, das Gefühl der Sinnlosigkeit und Verzweiflung.“[31]

Sie brauchen ein gutes Quantum an Vertrauen, um Ihr eigenes Leid und das anderer verstehen zu können. Tiefes Vertrauen erlaubt Ihnen den Austausch und Kontakt mit anderen Menschen, der Emotionalität, Fürsorge und Solidarität möglich macht.

Optimismus

Optimisten haben ihre Strategien für Krisen parat

Neben dem Vertrauen in sich und die Welt wirkt der Optimismus als weitere Haltung und Einstellung, um der Krise kraftvoll zu entwachsen. Sie alle kennen Menschen, für die das Wasserglas halb voll oder halb leer ist. Optimisten und Pessimisten unterscheiden sich in der Art und Weise, wie sie sich selbst, andere Menschen und die Welt sehen, fühlen und erleben. Wenn Probleme auftauchen, aktivieren Optimisten ihre Strategien für ein erfolgreiches Krisenmanagement. Mögliche Rückschläge oder Enttäuschungen verbuchen sie im Nachhinein als Erfahrungen, die sie weitergebracht haben. Sie suchen immer nach dem Guten im Schlechten, auch wenn die Umstände nicht so sind, wie sie es sich wünschen.

---

31 Pieper 2012, S. 240 ff.

Sie wären auch gern ein Optimist? Dann müssen Sie einfach in die richtige Richtung steuern. In meiner NLP-Ausbildung hörte ich den Satz: „Die Vögel der schlechten Laune dürfen gern über deinen Kopf hinwegfliegen, aber lass sie keine Nester in deinem Haar bauen." Arbeiten Sie an zweierlei:

Zweifeln Sie nicht gleich an sich selbst

1. An einem positiven Selbstbild:
Ihr Selbstwertgefühl ist im Großen und Ganzen unabhängig von äußeren Einflüssen. Krisen, Erfolge und andere Schicksalsschläge führen Sie nicht automatisch auf eigenes Versagen oder persönliche Unzulänglichkeiten zurück. Sie wissen, dass Ihre Fähigkeiten und Möglichkeiten begrenzt sind, aber Sie glauben an Ihre Selbstwirksamkeit, sind aktiv aus sich heraus (pro-aktiv) und davon überzeugt, dass Sie Ihr Leben meistern können. Sie machen sich nicht unnötig klein, haben nicht automatisch Schuldgefühle und sind auch nicht schnell gekränkt.

Rechnen Sie mit Schwierigkeiten

2. An einer realistischen positiven Lebenseinstellung:
Sie machen sich ein sehr transparentes Bild Ihrer aktuellen Lebenssituation. Dabei konzentrieren Sie sich auf das Positive, ignorieren aber auch die Schwierigkeiten nicht. Das Besondere ist, dass Sie der Überzeugung sind, in jeder Schwierigkeit stecke ein verborgener Gewinn. Auch in der jetzigen Krise. Sie starten begeistert neue Projekte und bringen diese auch weiter, denn Sie bereiten sich bewusst auf mögliche Risiken und Hindernisse vor. Zudem nutzen Sie Ihre Kraft und strengen sich gern an, um Hindernisse zu überwinden. Sie sind ein handfester, fundierter Optimist.

Und so geht es immer weiter für Sie:

Konzentrieren Sie sich auf das Leben nach der Krise

- Sagen Sie innerlich „Stopp", wenn Sie feststellen, dass eine Woge von negativen Gedanken auf Sie einströmt.
- Machen Sie sich bewusst, dass schlimme Ereignisse, unangenehme Situationen und negative Gefühle nur vorübergehend sind.
- Richten Sie Ihre Aufmerksamkeit darauf, wie es ist, wenn die Situation überstanden ist.
- Lernen Sie, dass es nicht an Ihnen liegt.

- Hören Sie auf, sich mit Selbstanklagen zu quälen. Sie sind nicht schuld und Sie sind auch nicht für alles verantwortlich.
- Übernehmen Sie Verantwortung für das, was Sie tun können, zum Beispiel indem Sie zugeben, wie etwas ist. Auch in einer verfahrenen Situation können Sie den Blick auf das Positive richten. Dann werden Sie feststellen, wie Ihnen positive Energie zufließt.
- Nutzen Sie Ihre Sprache. Sie ist nicht nur der Ausdruck Ihrer Gedanken, sondern Sprache formt auch in gewisser Weise Ihr Denken. Denken Sie optimistisch, so haben Sie auch eine optimistische Sprache. Das können Sie bewusst pflegen.
- Ihr Unterbewusstsein kann mit Verneinungen nicht umgehen. Es braucht eine klare und deutliche Haltung, wie Sie zu den Dingen stehen. Ganz besonders deutlich wird das an dem bekannten Beispiel: „Oh, das ist aber problematisch!" oder „Welche Herausforderung!".
- Entwickeln Sie ein positives Selbstbild. Das gelingt, indem Sie die positive Sprache auch für Ihre inneren Dialoge nutzen. Sie brauchen keine negativen oder herabsetzenden Zuschreibungen.
- Achten Sie darauf, welche Stärken, besonderen Fähigkeiten und Kompetenzen Sie haben. Pflegen Sie diese und verbringen Sie auch wirklich Zeit mit Aktivitäten, bei denen Sie Ihre Besonderheiten zum Ausdruck bringen können. Dies fördert Ihr Wohlergehen und Ihre persönlichen Ressourcen. Je bewusster Sie sich Ihrer Kompetenzen und Stärken sind, desto leichter kommen Sie mit schwierigen Situationen zurecht. Zudem balancieren Sie andere Schwächen, wunde Punkte und Empfindlichkeiten aus.

Lernen Sie aus der Krise

Vielleicht haben Sie den Blick jetzt schon einmal erhoben und können sich sogar vorstellen, dass es auch ein Leben nach dieser Krise gibt. Dann ist es auch Zeit für Fragen. Nehmen Sie sich einen Stift und ein Blatt Papier und machen Sie sich Notizen:

- Was kann ich aus dieser Krise lernen?
- Wie kann ich gestärkt herauskommen?
- Was habe ich bisher über mich erfahren?
- Was habe ich bisher gelernt?
- Was ist jetzt schon besser als vorher?
- Wofür war sie – bis jetzt schon – gut?

Es könnte noch schlimmer kommen

Der folgende Text ist eine Einladung, Ihre eigenen Probleme in einem anderen Licht zu sehen:

„Wenn man die Weltbevölkerung auf ein 100 Seelen zählendes Dorf reduzieren könnte und dabei die Proportionen aller auf der Erde lebenden Völker beibehalten würde, wäre dieses Dorf folgendermaßen zusammengesetzt:[32]
57 Asiaten, 21 Europäer, 14 Amerikaner (Nord-, Zentral- und Südamerikaner) und 8 Afrikaner. Es gäbe 52 Frauen und 48 Männer. Davon wären 30 weiß und 70 nicht weiß. 30 wären Christen und 70 Nicht-Christen. 89 Dorfbewohner wären heterosexuell, 11 homosexuell. 6 Personen besäßen 59 % des gesamten Reichtums und alle 6 kämen aus den USA. 80 Menschen lebten in maroden Häusern, 70 wären Analphabeten. 50 würden an Unterernährung leiden, einer wäre dabei zu sterben und einer wäre dabei geboren zu werden. Ein einziger Dorfbewohner besäße einen Computer und einer hätte einen Universitätsabschluss.
Wenn man die Welt auf diese Weise betrachtet, wird das Bedürfnis nach Akzeptanz und Verständnis offensichtlich. Du solltest auch Folgendes bedenken: Wenn du heute Morgen aufgestanden bist und eher gesund als krank warst, hast du ein besseres Los gezogen als die Millionen Menschen, die die nächste Woche nicht mehr erleben werden. Wenn du noch nie in der Gefahr einer Schlacht, in der Einsamkeit der Gefangenschaft, im Todeskampf der Folterung oder im Schraubstock des Hungers warst, geht es dir besser als 500 Millionen Menschen. Wenn du zur Kirche gehen kannst, ohne Angst haben zu müssen, bedroht, gefoltert oder getötet zu werden, hast du mehr Glück als drei Milliarden Menschen. Wenn du Essen im Kühlschrank, Kleider am Leib, ein Dach über dem Kopf und einen Platz zum Schlafen hast, bist du reicher als 75 % der Menschen dieser Erde. Wenn du Geld auf der Bank, in deinem Portemonnaie und im Sparschwein hast, gehörst du zu den privilegiertesten 8 % dieser Welt. Wenn deine Eltern noch leben und immer noch verheiratet sind, bist du schon wahrlich eine Rarität.“

Betrachten Sie Ihre Krise aus der Distanz …

Zugegeben, das ist ein wenig drastisch, aber dennoch eine gute Aufforderung, die Dinge – selbst wenn es eine tiefgreifende Krise ist – einmal aus einer etwas größeren Distanz zu sehen.

---

32 http://lebensbaum.desib.de/weltherz.html, entnommen am 1. Mai 2013

Der Text ist auch eine gute Erinnerung an das Reframing, das Umdeuten von Situationen. Reframen steht „für den Rahmen wechseln": „Die Bedeutung eines Ereignisses hängt von dem Rahmen ab, in den Sie es stellen. Wenn Sie den Rahmen wechseln, wechseln Sie auch die Bedeutung. Wenn sich die Bedeutung verändert, verändern sich auch Ihre Reaktionen und Verhaltensweisen."[33]

... und aus anderer Perspektive

In Krisen ist das Reframing sehr hilfreich. Das Ziel ist eine erweiterte, andere Einstellung zum Problem, zur Krise, zum Verhalten, zum Ereignis. Reframing ist nicht neu. In Märchen, Fabeln, Witzen oder in der Werbung werden neue Rahmen für alte Betrachtungsweisen angeboten. Bis hin zu einem Aha-Effekt. Das Reframing ist so ähnlich, als hätten wir eine neue Brille auf, mit der wir anders gucken. Oft genug ist das schon das Ende des Problems. Paul Watzlawick fasst es passend zusammen: „Manchmal reicht es aus, die Bewertung des Problems zu verändern, anstatt das Problem zu verändern."

Ein paar Beispiele gefällig?

- „Ich bin ein kompletter Versager in Beziehungen!" Oder: „Ich habe so vieles über mich erfahren, was ich in weiteren Freundschaften anders machen kann und möchte."
- Statt: „Mein Chef macht mich fertig, er nervt die ganze Abteilung und überfordert mich ..." ein: „Noch habe ich keinen passenden Umgang mit meinem Chef und seinen Anforderungen an mich gefunden. Allerdings glaube ich fest, dass ich etwas finden werde. Diese neue Sicht habe ich jetzt schon ..."
- „Mein Chef hat mich entlassen!" Oder: „Was für eine Einladung, meine Kompetenzen noch einmal woanders weiterzuentwickeln."

Entdecken Sie das Glück im Kleinen

Um so denken zu lernen, müssen Sie erkennen, dass das Glück manchmal in den kleinen Dingen liegt. Nutzen Sie diese Krise, um dem Glück in Ihrem Leben noch einmal ganz neu auf die Spur zu kommen. Gerade in schweren Momenten hat das Glück etwas sehr Stabilisierendes.

---

33 Vgl. O'Connor & Seymour 1995

Wahre Glücksbringer

Glück ist für jeden Menschen etwas anderes. Und dennoch führe ich gleich einige Punkte auf, die wahre Glücksbringer sind. Achten Sie all diese Punkte, würdigen und ermöglichen Sie sich diese weitgehend.

- Regelmäßige sportliche Betätigung, vorzugsweise im Kreis anderer:
  Fangen Sie an zu laufen oder einen anderen Sport zu treiben. Jetzt, oder spätestens morgen.
- Enge und befriedigende Beziehungen (Familie, Freunde):
  Nutzen Sie das Netzwerk an Freunden und in der Familie, sprechen Sie direkt andere Menschen an und bitten Sie um Hilfe. Genießen Sie Freundschaften, schaffen Sie schöne kostbare Momente mit Freunden und Familienangehörigen. Genießen Sie die Momente der gegenseitigen Gegenwart und des Zusammenhalts. Können Sie diese Menschen nicht persönlich treffen, so stellen Sie durch Chat-Foren, Skypen und andere Medien Kontakt her. Gehen Sie auf neue Menschen zu.
- Eine harmonische und stabile Partnerschaft:
  Vielleicht ist gerade die Partnerschaft der Grund für Ihre Krise, dann ist dies natürlich ein sehr heikler Bereich – auf den ersten Blick. Auf den zweiten Blick ist es ist der Bereich, in dem Sie sehr viel aus Ihren bisherigen Erfahrungen lernen können. Vielleicht beginnen Sie jetzt die Paartherapie, die schon vor Jahren dran gewesen wäre. Oder Sie machen sich demnächst auf die Suche nach einem neuen Partner oder einer neuen Partnerin. So wie ich es tat.
- Die Überzeugung, Ihr Leben (und Ihr Glück) selbst in der Hand zu haben und nicht Spielball des Schicksals zu sein:
  Davon handelt in diesem Buch fast jede Seite. Sie sind Ihres Glückes Schmied und können zwischendurch „Sieben-Meilen-Stiefel" anziehen, um tatkräftig und energievoll voranzuschreiten.
- Eine zuversichtliche und optimistische Einstellung gegenüber der Zukunft:
  Das ist der Kern von allem. Glauben Sie fest daran, dass es weitergeht, dass Sie etwas bewirken können, Ihre Zukunft gestalten können. Gerade in der Krise ist der Blick in eine rosige, attraktive Zukunft wie ein hochwirksames Medikament.

- Eine berufliche Tätigkeit, die befriedigt und erfüllt:
  „Arbeit ist sichtbar gemachte Liebe", sagte der libanesisch-amerikanische Maler, Philosoph und Dichter Khalil Gibran. Gerade jetzt in der Krise können Sie Ihren Berufsalltag neu gestalten. Sie müssen nicht unbedingt den Job wechseln, um glücklich zu werden. Sie können auch kleine Dinge verändern: Verändern Sie Ihr Denken und Ihre Glaubenssätze. Sie können Ihren Kollegen Blumen oder einen Kuchen mitbringen; Sie können Ihre Karriere weiterentwickeln oder sich neue Ziele bei der Arbeit setzen. Jeden Tag können Sie sich darüber freuen, was Sie heute bei Ihrer Arbeit bewirkt haben. Und wenn Ihr Alltag so ist, dass Sie Ihre Arbeitskraft anders zeigen, z.B. indem Sie zurzeit einen Haushalt versorgen, ein Kind erziehen oder einen Angehörigen versorgen oder auf Arbeitssuche sind, dann gibt es auch hier Möglichkeiten, Ihr Tun leuchten zu lassen.
- Dankbarkeit für Freunde, Gesundheit, Familie, Partner usw.:
  Dankbarkeit ist kostenlos. Dankbarkeit ist wie ein Bumerang. Wer dankbar ist für das, was ihn umgibt, ist reich. Das ist eine Veränderung, die Sie in diesem Moment beginnen können. Dankbarkeit kostet noch nicht einmal Zeit. Aber sie wirkt fast ab dem ersten Moment.
- Neugierde, Experimentierfreude, Entdeckungsfreude und Offenheit für Neues.
  Auch das ist einfach umzusetzen. Dabei sind die zentralen Fragen etwa: „Was kann ich gerade lernen?", „Wo gibt es etwas Neues?", „Was kenne ich noch nicht?", „Gibt es noch etwas zu entdecken?", „Was wird wohl dieses Mal die Erkenntnis sein, wenn ich ..."
- Die Akzeptanz und der Glaube an uns selbst:
  Andere Menschen, die Welt und die eigenen Vorhaben zu leben, gelingt dann am besten, wenn Sie liebevoll und wertschätzend mit sich selbst umgehen.
- Selbstbestimmtes Leben, tun, was man für wichtig und richtig hält:
  Erinnern Sie sich noch einmal an die pro-aktiven Kompetenzen und an den Glauben an die Selbstwirksamkeit! Wenn Sie tun, was Sie tun wollen, dann tun Sie es ganz und richtig. Ansprüche von anderen, die Sie nicht wirklich teilen, bringen Sie vom Wege ab.
- Genussfreude.
  Einfacher Genuss ist überall möglich. Auch der hat damit zu tun, was Sie wahrnehmen und was Sie außer Acht lassen. Genuss ist natürlich

auch von Ihren Ansprüchen abhängig. Wenn Sie nur Kaviar und Champagner genießen können, dann wird ein einfaches Knäckebrot mit Butter auf der sommerlichen Terrasse nicht reichen. Achten Sie auf die kleine Momente des Genusses: den ersten Sonnenstrahl, das Wecken der Kinder, das Kuscheln im Bett, eine Tasse Tee, das Lächeln des Nachbarn, die Veränderung der Natur.

- Die Bereitschaft, anderen zu helfen und diesen etwas Gutes zu tun: Pfadfinder haben die Aufgabe, jeden Tag eine gute Tat zu tun. Das dürfen Sie auch! Vielleicht möchten Sie sich um jemanden kümmern, dem es schlecht geht. Manchmal wartet dieses einfach Wunder schon in Form eines Kindes auf uns, welchem die Kette vom Rad gesprungen ist und das an der Straße steht und nicht weiterweiß. Empathie und Mitempfinden allen anderen Wesen gegenüber ist wohltuend für alle und sinnvoll.
- Persönlichkeitsfaktoren wie Extrovertiertheit und ein positives Selbstwertgefühl:
  Wenn Sie sich nach außen orientieren, bekommen Sie natürlich Rückmeldungen. Dadurch entsteht eine positive Wertschöpfungskette.

Wählen Sie vier oder fünf der genannten Punkte aus und starten Sie sofort damit!

Sorge für absolute Sicherheit

Mein persönliches Beispiel

In den letzten Tagen gingen mir ein alter Freund und sein Schicksal sehr nahe. Seine Frau, mit der er 25 Jahre zusammen war und mit der zwei Kinder hat, hat ihn betrogen. Sie bricht gerade ihre Zelte ab und geht in ihre Heimat zurück. Dieser gute Freund leidet, es tut ihm so unendlich weh, er weiß gar nicht, wie er den Schmerz zulassen soll. Obwohl er eher introvertiert ist, hat er sich Hilfe geholt. Er hat sich an alte Freunde, Seelenfreunde gewandt, die ihm Schutz, Halt und Nähe geben. Ich habe das große Glück, mit ihm ab und an Zeit verbringen zu dürfen und neben den ausgewählten gemeinsamen Stunden auch seine Krisenratgeberin zu sein. Kein Wunder, ich bin ja gerade aktuell bestens ausgebildete Trennungsexpertin …

Einer meiner Ratschläge war, nahestehende Menschen zu informieren. Auch für den Abend, an dem er seiner Frau gesagt hat, dass er sich trennen möchte, bat ich ihn, einen Freund oder eine Freundin hinzuzuholen. So vermied er eine extreme Situation, weil die dritte Person als Korrektiv fungierte.

Mein persönliches Beispiel

In der zweiten Ehe meiner Mutter, als es noch keine Frauenhäuser gab, drückte mir meine Mutter einen Zettel mit einer Telefonnummer in die Hand. Dort sollte ich anrufen, wenn es zu Hause zu gefährlich wurde. Wenn mein Stiefvater durch die Wohnung tobte, mit Pistole, Peitsche oder Fäusten. Ihr Ansinnen verstand ich, nur wusste ich nie, wie ich aus dem Zimmer kommen sollte. Dieser Zettel war mein Rettungsring, wenn meine Mutter nicht zu Hause sein konnte. Außerdem hatte meine Mutter dafür gesorgt, dass die Nachbarn ein Auge auf mich und meine Schwester hatten. Gaben wir Klopfzeichen, wussten sie, dass es gefährlich wurde. Auch der Pastor wusste Bescheid und kam regelmäßig vorbei. Auch wenn ich so nie absolut sicher war, hatte ich immer den Eindruck, für mich sei gesorgt.

Was bedeutet „Sicherheit" für Sie?

In den letzten Monaten, in denen es mir manchmal sehr schlecht ging, machte ich die Erfahrung, dass es sich lohnt, Menschen um Hilfe bzw. um ihre Sicherheit zu bitten. Sicherheit war für mich auch die Gewähr, jemanden anrufen zu können – Tag oder Nacht. Dies nutzte ich ganz intensiv an dem Abend, an dem in mein Haus eingebrochen worden war und ich stundenlang auf die Spurensicherung wartete. Ich war dankbar, immer wieder mit Menschen telefonieren zu können.

Auch in langen Trauerprozessen suchte ich immer wieder den Kontakt zu vertrauten Menschen. Damit stabilisierte ich mich, sodass ich meiner Tochter die ausreichende Sicherheit vermitteln konnte. Sicherheit habe ich auch dadurch, dass ich Menschen bitte, sich vor mich zu stellen oder Aufgaben für mich bzw. in meinem Namen zu erledigen. Ich empfinde keine Scham, im Gegenteil. Die Hilfe wirkt wie eine warme Badewanne, in der ich mich entspannen kann.

Sicherheit bedeutet, andere zu informieren, wie es Ihnen geht und was Sie gegebenenfalls brauchen. Sicherheit kann bedeuten, dass Menschen nach ein oder zwei Tagen anrufen, wenn Sie sich nicht gemeldet haben. Sie müssen herausfinden, was Ihr persönlicher Sicherheitsanker ist. Vielleicht sind es Freunde, ein Tagebuch oder ein neues Haustürschloss, eine neue E-Mail-Adresse, ein neuer Wohnort.

Schauen Sie, was Ihnen guttut, wo Sie sich öffnen können und wo Sicherheitsrisiken liegen. Bitte seien Sie ehrlich. Sie brauchen sich nicht zu schämen, wenn Sie um Beistand bitten. Gute Freunde sind dankbar, wenn sie helfen können. Auch wenn Sie die Hilfe oder Zuwendung nicht direkt zurückgeben können, so können Sie das später an jemand anderen weitergeben.

Ein Beispiel

Eine Familie bricht gerade auseinander, weil die Mutter psychisch sehr instabil ist. Sie wirkt, als sei sie ein Fall für den sozialpsychiatrischen Dienst. Nicht nur ihretwegen, sondern in erster Linie der zwei Kinder wegen. Sie denunziert andere Menschen vor Augen der Kinder. Insbesondere ihren Ehemann wertet sie massiv verbal und nonverbal ab. Sie schreit, droht und wirft mit Sachen. Mehrfach in der Woche bekommt sie solche Stimmungsanfälle. Sie sagt heute „Hü" und morgen „Hott", was ihre Zukunftsplanung angeht. Von der ihre Kinder allerdings sehr abhängig sind, denn sie plant ins Ausland zu gehen. Jeden Tag bekommen die Kinder andere Informationen. Sie hetzt die Kinder gegen den Vater auf. Die Kinder leiden extrem unter ihren Stimmungsschwankungen, dem verzweifelten Ringen der Eltern miteinander, der Aggression und der Überforderung der Eltern. Hier wäre es dringend notwendig, die Kinder an einen ruhigen geschützten Ort zu bringen, denn beide Eltern reagieren nicht auf Impulse von außen (Familie, Nachbarn, Freunde, Lehrer). Auch die Erziehungsberatung kann nicht helfen, bekommt nur einen kleinen Teil mit, sodass sie das Leid der Kinder nicht erkennen kann. Es ist mittlerweile normal, dass der 15-jährige Sohn aus dem Haus läuft, nachts nicht zurückkommt oder droht, Autoscheiben zu zertreten. Er zeigt keinerlei Respekt gegenüber seinen Eltern und sie verstehen seinen Hilferuf nicht.

Bieten Sie auch anderen Sicherheit

Ich führe dieses Beispiel an, weil ich enttabuisieren möchte: Viel zu oft wird weggeguckt, wenn Leid geschieht. Die Menschen möchten sich fernhalten von Dramen anderer. Ich vermute, der Grund ist die eigene Unsicherheit oder die Sorge, sich unbeliebt zu machen. Die Folge davon ist das Leid oder die Unsicherheit von Menschen. In diesem Fall der Kinder. Es könnte ja auch sein, dass wir, wie in diesem Fall, die Betroffenen nicht erreichen und uns damit lächerlich machen. Dies darf kein Tabuthema sein! Sehen Sie hin! Bieten Sie anderen Ihre Sicherheit an, auch wenn diese Sie nicht direkt darum bitten. Bitten Sie sie, sich zu öffnen und Hilfe anzunehmen, und zeigen Sie ihnen, dass dies keine Schwäche ist, sondern im Gegenteil ein eigener Schritt aus der Krise heraus.

Schützen Sie sich selbst

Sicherheit bedeutet auch, sich selber zu schützen. Als ich vom Tod meiner Mutter erfuhr, war ich nicht in der Lage, Auto zu fahren oder irgendetwas anderes vernünftig auszuführen. Das sind Situationen, in denen wir andere Menschen brauchen, die auf uns achten. Denken auch Sie an Situationen, in denen Sie etwas erfahren, das Ihr Leben verändert. In den nächsten Stunden oder Tagen werden Sie Ihre Sinne kaum beisammenhaben. Achten Sie darauf, dass jemand Sie begleitet und für Sie da ist. Das tut Ihnen in vielerlei Hinsicht sehr gut.

Es macht Menschen oft sehr glücklich, anderen zu helfen. Wir alle möchten gebraucht werden und für andere eine Bedeutung haben. Diese Momente, in denen wir so füreinander da sind und jemanden begleiten, wenn dieser einen schweren Gang oder Weg hat, verbinden uns miteinander.

Habe immer mindestens einen Plan B

Plan B ist Ihr Ass im Ärmel

Einen Plan B zu haben, macht uns freier und unabhängiger. Unser Handlungsspielraum wächst, wenn wir mehrere Möglichkeiten haben. Selbst wenn es noch so ausweglos ist, ist es gut, die zweite Option zu haben. Ein Teenager, den ich eben genau dazu befragte, sagte in seiner Wortwahl: „Wenn alles im Arsch ist, dann hat man schon was, anstatt sich dann noch etwas überlegen zu müssen."

Wenn wir feststellen, dass Plan A nicht gut ist, können wir Plan B nehmen, ihn noch ein wenig auffrischen und umsetzen. Ihn passend machen. Wir können vor allem abwägen, welche Vorteile Plan A bietet, welche Plan B hat. Damit können wir auch die wirklichen Konsequenzen und Auswirkungen besser beachten und einschätzen.

Wenn ich jemanden, der sich in die Ecke gedrängt fühlt, vor die Option A oder B stelle, dann ist das schon echter Stress. Oft genug können wir uns gar nicht zwischen zwei Möglichkeiten entscheiden. Die eine passt nicht, die andere auch nicht. Umso besser, noch mindestens eine weitere Option zu haben. Dann hat unser Spiel- und Standbein mehr Beweglichkeit. Wir können leichter die Richtung ändern, einen anderen Weg einschlagen.

Auch der Worst Case hilft Ihnen weiter

Aus eigener Erfahrung spreche ich, wenn ich sage: „Gerade dann, wenn wir meinen, es gibt nur noch den einen Ausweg, dann ist das ein deutlicher Hinweis, dass wir unsere Haltungen und Vorstellungen ändern sollten, um eine andere Möglichkeit zu sehen. Eine meiner besten Freundinnen fragt mich – in den Momenten, wo ich keinen Ausweg sehe – nach dem Worst Case, also nach der schlimmsten anzunehmenden Situation, nach dem „Grauseligsten", das ich mir vorstellen kann. Dabei komme ich in Kontakt mit meinen Ängsten, mit meinen Sorgen und Befürchtungen. Und ich kann feststellen, was der Plan B bräuchte, um eine wirkliche Alternative zu sein. Und dann noch der Plan C und D.

Um an alternative Pläne zu kommen, hilft mir Folgendes:

- Welchen Vorteil habe ich von Plan A, was ist das Gute daran? Welches Bedürfnis wird befriedigt?
- Mit was genau könnte dieses Bedürfnis noch befriedigt werden? (Das ist ein möglicher Beginn von Plan B.)
- Was brauche ich, um mich besser zu fühlen? (Viele der anderen Fragen auf den Seiten, die Sie schon gelesen haben, helfen Ihnen bei der Beantwortung dieser Frage.)
- Manchmal bewege ich Plan B wochenlang in mir, um innerlich vergleichen zu können.
- Ich mache deutliche Pro-/Kontra-Listen, so kann ich besser abwägen.

Wenn ich letztlich doch Plan A realisiere, dann ist das doch auch gut. Und wenn es Plan B wird, auch. Hauptsache, ich kann wählen und vergleichen.

„Freiheit ist das höchste Gut" – von Agnes Heller: Dies ist eines meiner allerliebsten Zitate, denn es macht deutlich, dass die Freiheit, z. B. die Möglichkeit zu wählen, sehr wertvoll ist. Das gilt es anzustreben. Dann können wir für uns bestimmen.

Und wenn wir im Außen – in dieser Zeit oder diesen Momenten – nichts ändern können, dann in uns. In unseren Gedanken und in unserer Sicht auf die Welt.

> *„Man kann dem Menschen alles nehmen, nur nicht:*
> *die letzte menschliche Freiheit, sich zu den gegebenen Verhältnissen*
> *so oder so einzustellen."*
>
> Nach Viktor Frankl,
> Auschwitz-Überlebender

Es ist egal, was die anderen denken!

Vergeuden Sie Ihre Kraft nicht mit Schämen

Wie oft hält uns unsere Scham zurück, tatsächlich das zu tun, was wir gern möchten. Die meisten von uns sind so erzogen worden, dass sie sich automatisch nach dem Urteil anderer Menschen richten. Wir wollen keine Schwächen zugeben, immer einen guten Eindruck machen, uns stets im richtigen Licht zeigen, Schamhaftes verbergen, persönliche Bedürfnisse hintanstellen, nicht zeigen, was wirklich los ist, sondern immer schön den Schein wahren. Im normalen Leben mag es Ihnen ja noch gelingen, stets den Schein zu wahren. Nun aber, in dieser kritischen Zeit, haben Sie dafür gar nicht mehr die Kraft und Energie. Sie brauchen jetzt Ihre Kraft für sich, für die nächsten Schritte auf Ihrem Weg.

Mein persönliches Beispiel

Letztes Jahr im November, kurz nach dem Einbruch in mein Haus, saß ich mit einer Freundin bei einem Glas Rotwein. Eigentlich ging es darum, für ihre demenzkranke Mutter eine Pflegestufe zu beantragen. Dabei half ich ihr natürlich. Wir sprachen über vieles: den Alltag mit ihrer demenzkranken Mutter, über meine Lebenssituation nach der Trennung, das Pech mit dem New-York-Marathon, den Einbruch. Das Gespräch war so menschlich, es war so persönlich, dass ich im Laufe des Abends erstaunt erkannte: „Schämen lohnt sich nicht mehr!"

Stellen Sie fest: Anderen geht es ebenso

Gerade wenn Sie etwas Intensives erleben, lohnt es sich nicht mehr, so zu tun, als ob alles in Ordnung sei. Ist die Scham nicht mehr notwendig, dann folgt eine intensivere Phase des Kontaktes und der Akzeptanz. Das geht zum Beispiel vielen Menschen so, die zum ersten Mal in ihrem Leben eine Gruppe der Anonymen Alkoholiker besuchen. Sie haben vielleicht lange mit sich gerungen, sich fast zu Tode geschämt – um dann festzustellen, dass ihre Probleme weder besonders ungewöhnlich noch besonders schwierig sind: Auch die anderen haben körperliche und oder seelische Schmerzen, einen beeinträchtigten Körper und ein Problem. Auch andere sind hilflos, überfordert, auf der Flucht und leiden unter existenziellen Ängsten. Scham wird hier nicht gebraucht. Im Gegenteil. Deshalb möchte ich Sie ermuntern, offen und beherzt mit dem umzugehen, was Sie gerade erleben. Sie ernten dafür eher Verständnis als Unverständnis.

Mein persönliches Beispiel

Meine Mutter hat mich früh gelehrt, dass es manchmal nicht anders geht, als durch Situationen durchzugehen. An vielen Tagen ist sie mit blauen Augen bei der Arbeit erschienen. Ihre Courage und ihr Einsatz für das Wohl meiner Schwester und mir haben sie Schamgrenzen überwinden lassen. Sie scheute sich nicht davor, unsere Lehrer darüber zu informieren, was bei uns zu Hause los war. Immer noch zolle ich ihr dafür größten Respekt.

Da ich selber bisexuell bin, erlebe ich natürlich immer wieder, dass Menschen verunsichert sind. Dazu gehören Situationen am Arbeitsplatz oder auch im schulischen Umfeld meiner Tochter. Ich begegne einem möglichen Tratsch durch Transparenz und Offenheit. Und siehe da, es lohnt sich nicht mehr für jemanden, etwas zu vermuten, was bereits bestätigt ist. Hat die Vermutung keinen Raum mehr, können die Menschen mich als Menschen sehen. Das macht den Kontakt einfach.

Ich möchte Sie ausdrücklich ermutigen, sich nicht zu schämen, sondern darauf zu vertrauen, dass wir alle Menschen mit einem Schicksal sind, dass wir alle wertvoll sind und uns einander zuwenden können.

Aber vielleicht gibt es auch Tage, an denen Sie keine Lust haben, Ihr wahres Gesicht zu zeigen. So kann es Sie auch nerven, dass ständig jemand fragt, wie es Ihnen geht – wo doch die halbe Nachbarschaft weiß, was los ist.

Sie müssen nicht immer Ihr Innerstes zeigen

Für diese Tage empfehle ich Ihnen für diesen Fall ein paar pfiffige Antworten auf die Frage: „Wie geht es dir heute?“:

- „Das Leben ist intensiv, ich bin mittendrin.“
- „Von allem etwas dabei.“
- „Ich bin dankbar für jeden Tag und genieße ihn aus vollen Zügen.“
- „Das Leben bietet zurzeit einige Herausforderungen, ich nehme sie an.“
- „Ich bin beschäftigt und erfüllt von dem, was um mich herum ist.“
- Oder einfach die Antwort: „Ich möchte gerade nicht davon erzählen. Bin aber dankbar, dass du dich sorgst und mich ansprichst.“

Aber seien Sie sich einer Tatsache bewusst: Wer ehrlich sagt, wie es ihm geht, geht das Risiko ein, dass das Gegenüber damit gerade nicht umgehen kann. Oder Sie erleben einen Moment der echten Zugewandtheit.

Mein persönliches Beispiel

Vor Kurzem war ich wie so oft als Trainerin auf einem zweitägigen Kongress. Ich war sehr engagiert und eingebunden. Am ersten Abend gab es noch einen offiziellen Termin und irgendwann ging ich auf mein Zimmer. Ganz unverhofft erwischte mich dort eine Woge der Trauer um meine Mutter. Dies kam recht plötzlich und ich war eine gute Stunde mit Trauern, Schreiben, Meditieren, Innehalten beschäftigt. Irgendwann schlief ich ein. Am nächsten Morgen traf ich einen Menschen, den ich noch nicht kannte, und wir kamen ins Gespräch. Wir waren uns sympathisch. Also antwortete ich ihm auf seine Nachfrage in wenigen Worten, wie es mir wirklich ging. Er lächelte mich an und sagte: „ Ich kenne das Gefühl, vor Kurzem ist mein Vater gestorben.“ Vertrauensvoll führten wir unser Gespräch weiter und haben uns sehr wohl miteinander gefühlt.

Die Moral von der Geschichte: Es lohnt sich, ehrlich zu sein. In diesem Fall verschenkte ich Ehrlichkeit und Vertrauen und erhielt das Geschenk der Wertschätzung.

Fazit: Du schaffst das schon

Jeder Augenblick unsers Lebens verfügt über unendlich viele Möglichkeiten. Und in jedem Augenblick ist eine Entscheidung möglich, die denen Freude, Wohlbefinden und Glücksgefühle schenkt, die sich dafür entschieden haben und damit zu tun haben.

Durch jede Entscheidung, die wir treffen, verzweigen sich die Konsequenzen bis ins Unendliche, ins Unermessliche – ein Geflecht, das stetig weiterwächst. Jede Entscheidung, die ich treffe, schafft entweder Wohlbefinden oder Unbehagen in mir. Hören Sie auf Ihren Körper, Ihren Bauch und Ihr Herz. Denn diese sagen Ihnen, welche Entscheidung Sie treffen sollten.

Glauben Sie an sich und Ihre Möglichkeiten

„Du schaffst das schon“ ist eine sich selbst erfüllende Prophezeiung. Es ist ein tiefer Glaube an sich selber und an das, was möglich ist. Unsere Welt ist voll mit Menschen, die gezeigt haben, dass sie etwas können, was vorher niemand für möglich hielt. Bekannt sind Mutter Teresa, Mahatma Gandhi oder Martin Luther King. Doch es gibt noch mehr Menschen, die außergewöhnlich sind, weil sie etwas geschafft haben. Einige, deren Leben mich persönlich motiviert, stelle ich Ihnen hier kurz vor:

Besondere Menschen, die an sich glaubten

- **Erik Weihenmayer (*1968)** war der erste blinde Mount-Everest-Besteiger. Er hatte die Vision, anderen diese Erfahrung auch zu ermöglichen, und führte gemeinsam mit der blinden „Braille ohne Grenzen“-Gründerin Sabine Tenberken sechs blinde tibetische Teenager im Rahmen seines „Climbing Blind“-Projekts auf den 7100 Meter hohen Lhakpa Ri. Dabei wurde ein mehrfach preisgekrönter Film gedreht, „Blindsight“. Er vermittelt uns, dass wir fast alle Ziele erreichen können, wenn wir den Weg gemeinsam gehen und an unsere innere Kraft glauben. Weihenmayer bestieg alle „Seven Summits“, die jeweils höchsten Berge der sieben Kontinente.

- **Delia Julia Denning Akeley (1875–1970)** gelang es unter hohem Einsatz, Verzicht auf Komfort und mit einem hohem Schatz an Erfahrungen, im Alter von 50 Jahren als erste westliche Entdeckerin Afrika von Küste zu Küste zu durchqueren.

- **Jane Goodall (*1934)** gründete das Jane-Goodall-Institut, das Behandlung und Verständnis der Primaten durch öffentliche Bildung und rechtliche Vertretung zu verbessern sucht, die Zusammenarbeit mit lokalen Gemeinden stärken will, und junge Leute für diese Aufgaben gewinnt und ausbildet. Mit einer höchst seltenen Ausnahmegenehmigung durfte die ehemalige Sekretärin an der Cambridge University auch ohne Studium promovieren und bekam 2004 den britischen Verdienstorden „Dame Commander" verliehen. Seit 2002 ist sie Friendsbotschafterin der UNO und kämpft gegen Tierversuche und Gewalt gegen Tiere.

- **Martin Luther (1483–1546)** lehnte sich gegen die große Macht „Kirche" auf und nahm unendliche Repressalien hin. Er versteckte sich auf der Wartburg, um die Bibel zu übersetzen.

- **Margarete Steiff (1847–1909)** gründete ein Ladengeschäft, das ein weltweites Unternehmen wurde. Sie hatte von Kindheit an eine schwere Kinderlähmung, trotzte aber ihrer Behinderung, setzte gegen den Willen der Eltern den Besuch einer Nähschule durch und wurde trotz ihres Handicaps und Widerstands von allen Seiten (sie musste für sich eine Extra-Nähmaschine anfertigen lassen) schnell eine gute Schneiderin, die bald ihr eigenes Unternehmen ins Leben rief.

Diese Menschen haben eine große Gemeinsamkeit: Sie glauben bzw. glaubten an sich. „Ob du denkst, du kannst es oder du kannst es nicht: Du wirst auf jeden Fall recht behalten", sagte schon Henry Ford (1863–1947).

Finden Sie Ihren Zuspruch

Der Satz „Du schaffst das schon" vermittelt Menschen ein Zutrauen in ihre Fähigkeiten. Er ist ein positiver Trigger, eine Glaubenssatzdroge, ein Zuspruch, ein Geschenk. Aber nicht alles, was wir glauben, hat auch genügend Kraft, um Wirklichkeit zu werden. Dann gäbe es Tausende von widersprüchlichen und belanglosen Gedanken und Fakten.

Wenn wir glauben, dass wir es schaffen, geht es weiter. Wir bekommen Mut. Es tut sich eine Richtung auf. In Krisenzeiten mangelt es eventuell an Ihrem ganz persönlichen „ Ich schaff das schon." Eine Hilfe ist es dann, sich einen Freund oder eine Freundin an die Seite zu nehmen, der oder die an Sie glaubt. Der oder die Ihnen mehrfach täglich, wie ein speziell dosiertes Medikament, sagt: „Du schaffst das schon!"

Sie haben in den letzten Tagen vermutlich viel in diesem Buch gelesen und über sich selbst nachgedacht. Vielleicht sind Ihnen auch Menschen im Alltag aufgefallen, die eine Krisenerfahrung haben.

Sie werden erkannt haben, dass Sie kein Superman sein müssen, um Krisen erfolgreich zu durchschreiten. Tatsächlich gelingt es vielen Menschen, ihre Krise zu bestehen. Sie haben durch das Loslassen und die Veränderung eine neue Form der inneren Freiheit gewonnen. Oft sind sie toleranter gegenüber anderen Menschen.

Überstandene Krisen rücken vieles in anderes Licht

Sie selber erleben es vielleicht gerade oder können es bei anderen beobachten: Es kann ein Paradigmenwechsel stattfinden. Nach einer Krise haben Sie andere Werte als vorher. Nicht-Materielles ist wichtiger als Materielles.

Die Angst reduziert sich, denn Sie wissen nun, was Sie schaffen können und welcher Situation Sie gewachsen sind. Viele von uns leben mit der Erfahrung, nach der Krise mehr gewonnen zu haben, als sie jemals erwartet haben.

Ein reißender Fluss ist für einen geübten Schwimmer leichter zu durchqueren als für jemanden, der noch nicht schwimmen kann. Mögen Ihnen die Rettungsringe, meine „Du schaffst das schon"-Leitsätze, eine Hilfe bei Ihren ersten Schwimmzügen in neuen Gewässern sein!

Krisen-Geschichten

4

4.1 Sehend in den Burnout – oder meine verzweifelte Suche nach meiner Berufung (von Maja)

Ich sitze zu Hause. Das erste Mal bin ich zur Ärztin gegangen, weil ich nicht mehr konnte. Das erste Mal habe ich eine Krankschreibung bekommen. Es fühlt sich komisch an, ich will ja keine „Memme" sein. Aber ich weiß auch, dass es notwendig und richtig war. Ich weiß, dass der Startschuss gefallen ist. Ich weiß noch nicht, zu was. Aber ich ahne schon, dass ich davorstehe, lebensverändernde Entscheidungen zu treffen.

Ich habe die Arbeitsethik meiner Eltern übernommen. Beide waren selbstständig und haben dies auch genauso umgesetzt: selbst und ständig. Die Arbeit und die Existenz standen immer im Mittelpunkt. Beide hatten florierende Geschäfte, es gab genug Geld. Sie hatten sich hochgearbeitet zu einem – ich würde mal sagen – gehobenen Mittelstand. Ich war das erste von zwei Kindern. Man sagt immer, das Erstgeborene sei das Leistungskind. Für mich trifft das vollends zu. Während mein Bruder einfach da war und davon ausgehen konnte, geliebt zu werden, hatte ich den Eindruck, ich müsse etwas leisten. Vielleicht auch meinen Beitrag leisten zum Familienwohl. Nicht, indem ich Geld verdiene, aber wenigstens dadurch, dass ich meinen Eltern nicht zur Last fiel. Ich war eine gute Tochter.

Nach dem Abitur war ich die Erste und bis jetzt Einzige aus der gesamten Familie, die studierte, ja sogar promovierte. Als meine Großmutter mich während meiner Dissertation einmal fragte, was ich denn werden wolle, und ich ihr das nicht so wirklich beantworten konnte (weil ich es selbst nicht wusste), da antwortete sie sich schon selbst: „Ach, werd' doch Arzthelferin." Diese auf den ersten Blick belustigende Antwort mag stellvertretend für die enge Dorfdenke sein, in der ich groß geworden bin und der ich nach dem Abitur dringend entfliehen wollte. Meine Eltern haben mir später finanziell alles ermöglicht: Studium, Auslandsjahr und immer wieder monetäre Unterstützung, wenn ich sie brauchte.

Was sie mir nicht gegeben haben, vielleicht auch nicht geben konnten, war Zeit und Verständnis. Es gab viele Phasen in meiner Kindheit und Jugend, in denen ich mir gewünscht hätte, dass meine Eltern mir mal zuhörten und sich mit mir und meinen Problemen auseinandersetzten. Aber sie hatten immer zu tun. Und wenn wir abends zusammensaßen bei einem Getränk, dann wurde über die „Erwachsenenthemen" geredet. Und da wollte ich auch nicht stören.

Ich habe dann mein großes Interessenfeld entdeckt: den Sport. Schon früh war ich sehr gut in verschiedenen Sportarten. Eine schließlich faszinierte mich so sehr, dass ich mir wünschte, sie auf hohem Niveau zu spielen: Basketball. Ein Trainer bescheinigte mir das nötige Talent, es in dem Sport zu etwas bringen zu können. Bestärkt durch diesen Rückenwind suchte ich meinen Studienort danach aus, wo ein hochklassiges Team in der Bundesliga spielte. Und nach zwei Jahren Anlauf hatte ich es tatsächlich geschafft. Aus mir wurde eine Leistungssportlerin und Bundesligaspielerin. Der Basketball gab mir so viel von dem, was ich über Jahre vermisst hatte: eine Familie, ein Team, Vertrauen, Spaß, Freude, ein Ziel, Verbesserung durch gutes Training und vieles mehr. Er gab mir noch etwas: In diesem durch vier Linien begrenzten Spielfeld gab ich mir die Erlaubnis, ganz ich selbst zu sein. Nie war ich authentischer als innerhalb dieses Rechtecks. Das merke ich jetzt, nachdem ich schon lange aufgehört habe zu spielen. Erst jetzt habe ich verstanden, wofür dieses Spiel in meinen Leben stand.

Und wie das Leben so spielt, wurde ich älter; das Studium wurde fertig, die Promotion bestand ich mit magna cum laude. Nach mehreren

Übergangsstellen landete ich schließlich bei einem Arbeitgeber, bei dem ich noch heute bin.

Anfangs hatte ich zwei Arbeitsbereiche. Ich war fasziniert von der Arbeitswelt. Endlich gehörte ich so richtig dazu. Ich schaffte und schaffte, und so langsam konnte ich die Früchte meiner Arbeit sehen.

Ich erinnere mich daran, dass ich eines Tages noch gegen Abend im Büro saß und an einem Projekt arbeitete. Alle anderen waren schon gegangen, es war kurz vor Weihnachten. Auf einmal überkam mich eine Glückswelle. Ich war total glücklich mit mir und meiner Arbeit. Im selben Moment sprach eine innere Stimme zu mir. „Du bist ein Workaholic!“ Wow. War das so?

Einen solchen Glücksmoment habe ich danach nie wieder erfahren. Und ich bin auch froh darüber. Meine Arbeitsethik aber war solide genug, dass ich meinen Arbeitsbereich auch ohne Glücksgefühle mit immerwährendem Elan und Fleiß auf- und ausbaute.

Schon früh in meinem Leben hat sich eine weitere Stimme in mir bemerkbar gemacht. Sie fragte mich: „Was willst du wirklich?“ Ich habe sie zur Seite gedrängt, weil ich keine Antwort hatte. Hochklassig Basketball zu spielen und in die USA zu gehen, waren meine beiden großen Leidenschaften und Ziele gewesen. Beides habe ich geschafft. Als ich diese Stelle bei dem Arbeitgeber bekam, schien das der richtige weitere Weg zu sein.

Und ich glaube, dass er es wirklich war. Ich bin heute sehr dankbar für alles, war ich dort habe lernen dürfen: über die Arbeitswelt, über politische Arbeit, über Bildung, über Zusammenarbeit mit Kolleginnen und Kollegen, über mich selbst. Ich bin tatsächlich total dankbar dafür. Es hat mich reifen lassen, und ich bin ein „kompletterer Mensch“ geworden.

Mein Arbeitsbereich hat sich in der Zwischenzeit verändert. Ich habe nun vier Bereiche statt zwei. Ich bin Vorgesetzte von drei Mitarbeitenden statt einer halben Kraft. Ich arbeite nicht selten 50–60 statt

40 Stunden und auch abends und am Wochenende. Dazu habe ich einen relativ langen Pendelweg von zweieinhalb Stunden pro Tag. Ich habe mein Smartphone so eingerichtet, dass ich meine dienstlichen Mails jederzeit abrufen und beantworten kann. Das ist toll. Damit bin ich schnell und am Puls der Zeit.

Gut geht es mir schon lange nicht mehr. Die Arbeit macht mir schon lange keinen Spaß mehr. Ich arbeite sehr oft unter Hochdruck, gleichzeitig mit hohem Qualitätsanspruch (den ich sogar noch erfüllen kann). Stress bestimmt meinen Alltag. Ich habe kaum noch Lebensfreude. Auch Aktivitäten, die mir früher Spaß gemacht haben, mache ich jetzt ohne große emotionale Regung. Am Wochenende erhole ich mich nicht. Ich schlafe schlecht: Oft kann ich nicht einschlafen, oft liege ich nachts stundenlang wach. Ich bin bleiern, habe manchmal wochenlang das Gefühl, nur noch zu funktionieren. Schon seit Jahren sehe ich mich auf den Burnout zuschlittern. Aber ich kann nicht anders. Mein Pflichtbewusstsein, meine Verantwortung und meine Arbeitsethik treiben mich jeden Morgen wieder ins Büro. Ich frage mich, worauf ich eigentlich warte, und kann mir diese Frage selbst nicht beantworten. Ich lese von Menschen, die nach einer Krise ihr Leben völlig verändert haben und sich jetzt verwirklichen. Das möchte ich auch, aber bitte ohne Krise. Oder bin ich schon in der Krise? Und wann ist sie schlimm genug? Wann ist mein „Point of no return“ erreicht, wann treffe ich meine Rubikon-Entscheidung? Was muss noch passieren?

Trotz meiner eigenen Belastung bin ich zu anderen immer freundlich. Ich habe eine hohe Dienstleistungsbereitschaft. Ich bin eine großartige Managerin, helfe anderen oft auch noch, ihr Leben zu managen.

Nur meine Seele macht nicht mehr so mit. Die Stimme in mir, die da fragt, was ich wirklich will, ist inzwischen so laut geworden, dass ich sie nur noch mit Hyperaktivität, Sport oder auch zwei Gläsern Rotwein ruhigstellen kann.

Tja, was will ich denn wirklich? Ich habe immer davon geträumt, selbstständig zu sein. Freiberuflich oder mit einer eigenen kleinen Firma. Meine Mutter hat mir damals gesagt: „Kind, mach was Sicheres.

Schau uns an, wie wir schuften mussten." Und da ich eine gute Tochter bin, habe ich ihren Rat befolgt. Nur dass ich jetzt, mit Mitte vierzig, innerlich verzweifelt und zerrissen bin. Ich gebe neben meiner Arbeit Seminare, habe mich in den letzten Jahren viel fortgebildet. Mein Plan war, die freiberufliche Säule auszubauen und die Angestellten-Säule etwas herunterzufahren, um so einen langsamen Übergang zu schaffen – mit möglichst viel Sicherheit. Ja, so war der Plan. Aber er hat nicht funktioniert.

Ich habe Wochenenden, Abende und meinen Urlaub verwendet, um die zweite Säule zu festigen. Und nun habe ich keine Kraft mehr.

Ich habe das erste Mal körperliche Symptome gezeigt, die ich nicht mehr übersehen oder leugnen kann. Das erste Mal merke ich nicht nur, sondern weiß innerlich, dass ich so nicht weitermachen kann, dass eine echte Entscheidung ansteht.

Ich habe mir immer Ziele gesetzt und diese mit viel Anstrengung verfolgt. Und genau mit dieser Strategie komme ich an dieser Stelle nicht mehr weiter. Ich merke, dass es Zeit braucht, ein Vakuum, damit Neues entstehen kann, Selbstliebe und Verständnis. Ich muss mich neu kennenlernen, wie ich mich vielleicht noch nie gekannt habe. Eine schlaue Trainerin sagte einmal: „Opfere nie dein Glück der Sicherheit." Wie wahr, und doch habe ich totale Angst zu springen.

Ich weiß, dass sich neue Türen erst öffnen können, wenn wir die alten schließen. Auf einer spirituellen Ebene weiß ich das. Aber warum fällt es mir so verdammt schwer, dem Universum zu vertrauen und auch mir selbst? Ich habe schon so viel geschafft. Ich bin sehr anerkannt in meinem Berufsfeld. Ich werde als Expertin geschätzt. Wenn es jemand schaffen kann, auf eigenen Füßen, dann doch ich.

Nun bin ich dabei, geduldig und liebevoll mit mir zu sein. Ich merke, dass durch die Zeit, die ich gerade für mich habe, zarte Pflänzchen wachsen. Ich werde sie gut pflegen und düngen, denn ich bin überzeugt davon, dass sie mir den Weg weisen. Vielleicht geht es gar nicht um das große Ziel (das ich auch jetzt noch nicht einmal benennen könnte). Vielleicht geht es darum, bewusst wahrzunehmen und zu spüren, was mir guttut und was nicht. Und dann einfach mehr von dem zu machen, was mir guttut, und weniger von dem, was mir nicht guttut. So einfach. Albert Einstein sagte einmal: „Probleme kann man niemals mit derselben Denkweise lösen, durch die sie entstanden sind." Ich lerne gerade, neu zu denken, neu zu fühlen und mich selbst in einer völlig neuen Art und Weise zu spüren.

Ich lerne gerade, dem Unterbewusstsein zu vertrauen und den Verstand etwas leiser zu drehen. Meine somatischen Marker mögen mir den Weg zeigen zurück zur Lebensfreude, zu mehr Leichtigkeit und letztlich zu einer beruflichen Veränderung.

4.2 Meine zwei Leben (von Claudia)

Mein erstes Leben endete an einem 21. Januar vor 16 Jahren. Mit der Diagnose „Myom an der Gebärmutter" war ich ins Krankenhaus gegangen. Allerdings erst nach Monaten, in denen ich wusste, dass etwas nicht mit mir stimme. Doch die Arbeit in der Werbeagentur war mir wichtiger. Also ignorierte ich zunehmende Schwäche und Atemnot, bis ein ganz normaler Checkup bei der Gynäkologin für die Klinikeinweisung sorgte. Die hätte ich gern aufgeschoben, sagte also meiner Chefin, dass ich nach Ende des Projekts – „also in 14 Tagen" – ins Krankenhaus gehen würde. In dieser Sekunde herrschte auf einmal Stille in der hektischen Agentur. Da hinein fielen die Worte meiner Chefin: „Du wartest keine 14 Tage. Gib deine Projekte ab, mach den frühestmöglichen Krankenhaus-Termin und geh sofort."

Mit dieser Reaktion rettete sie mir das Leben. Zwei Tage später lag ich in der Klinik. In einer fünfstündigen Operation entfernten die Ärzte einen drei Kilo schweren Tumor aus meinem Bauchraum – und nahmen ansonsten noch so einiges an Organen mit. Als ich Stunden später auf der Intensivstation erwachte, war mir in der Sekunde des Aufwachens klar, dass irgendetwas nicht gut gelaufen war. Doch es dauerte bis zum nächsten Morgen, bis ich Klarheit hatte. Der Chefarzt stellte sich an mein Bett und sagte: „Es tut mir leid, Ihnen das sagen zu müssen, aber wir haben Ihnen kein Myom entfernt, sondern einen bösartigen Tumor. Sie haben Eierstockkrebs ..." Ich sah ihn an, diesen großen, freundlichen Mann, der ruhig an meinem Bett stand und weitersprach, aber ich hörte ihn nicht mehr. Die Welt hatte auf schwarz-weiß und Stummfilm umgeschaltet.

Krebs. Diagnose Krebs. Ich war 36 Jahre alt. Würde ich 37 werden? Waren das vielleicht die letzten Bilder, die ich in meinem Leben sehen würde? Das Fenster des Krankenzimmers, eine winterlich kahle Birke vor grauem Himmel?

Heute erkenne ich, wie fürsorglich der Chefarzt damals handelte. Er wartete mit der Mitteilung so lange, bis ich wieder richtig wach war und meine Freundin bei mir sein konnte. Erst dann trat er selbst, nicht etwa ein Assistenzarzt oder Oberarzt, an mein Bett, um mir die Diagnose ruhig, unaufgeregt, aber sachlich mitzuteilen. „Wir haben den Tumor komplett entfernt, müssen aber noch das Ergebnis der Lymphknotenuntersuchung abwarten. Das sollte Ende der Woche vorliegen." Zwei, möglicherweise drei Tage würde ich also warten müssen, bis ich Gewissheit über meinen Lebensweg haben würde: Waren die Lymphknoten befallen, war die Prognose schlecht. Waren sie es nicht, könnte eine Chemotherapie den letzten Rest der Tumorzellen töten.

In den Tagen des Wartens schlossen sich die Reihen der Helfer: Freunde kamen ins Krankenhaus, erschüttert von der Diagnose, aber fest entschlossen („Geweint wird draußen!"), mir Mut zuzusprechen. Es gab von Anfang die stillschweigende Übereinkunft, dass stets die Wahrheit gesagt wird. Wie auch immer der weitere Weg verlaufen würde – im Freundes- und Familienkreis sollte jeder Bescheid wissen.

Die Freude über den negativen Bescheid bei den Lymphknoten stärkte meine Entschlossenheit, sofort mit der Chemotherapie zu beginnen. „Ich will jetzt noch Rostschutz obendrauf kippen", sagte ich und konnte kaum abwarten, dass mir endlich die Zytostatika in die Venen flossen. Ich kotzte mir im wahrsten Sinn des Wortes die Seele aus dem Leib. Die stundenlangen Infusionen, die ich so sehnsüchtig erwartet hatten, waren wie ein Vernichtungsangriff auf meinen Körper, dessen

Auswirkungen ich nicht kontrollieren konnte und der mich in den nächsten sechs Monaten in ein atemloses, erschöpftes, schmerzgeplagtes und komplett haarloses Mäuschen verwandelten. Wir hatten über die Möglichkeit einer Glatze im Freundeskreis gewitzelt – „Bei deinem schönen Hinterkopf ist das eigentlich schon längst mal dran!" Was ich nicht ahnte: Es tut weh, bevor die Haare ausfallen. Und dann fallen sie nicht allmählich, sondern auf einmal aus. Ich saß eines Morgens in der Badewanne und duschte mir plötzlich die Haare vom Kopf. In großen Büscheln rutschten sie mir über die Schultern, trieben in der Wanne, ballten sich vor dem Ausguss. Entsetzt blickte in den Badezimmerspiegel und starrte auf kahle Stellen, wo gerade noch Haare gewesen waren. Ich hatte das Gefühl, ich würde am lebendigen Leib verwesen. Jetzt. Auf der Stelle. Bei vollem Bewusstsein. Ohne Handlungsmöglichkeiten.

Gehandelt haben dann meine Freunde. Sie sorgten bei einem entsetzten, aber standhaften Friseur für eine ordentliche Rasur, schenkten mir ein afghanisches Stoffkäppi und betrachteten eingehend meinen nun kahlen Kopf. „Du hast wirklich einen schönen Hinterkopf, das muss man mal sagen." Die Küche unserer Wohngemeinschaft wurde mein Dreh- und Angelpunkt. Wann immer ich mich aus dem Bett quälte, war Tee gekocht, der Tisch gedeckt und jemand nahm sich Zeit für mich. Meine Brüder riefen an, die Arbeitskollegen holten mich sogar eines Tages ab und fuhren mich in die Agentur. „Lass uns Kaffee trinken und einfach reden", sagten sie und immer wieder zogen sie mich in intime Zweiergespräche. „Du schaffst das. Du musst das schaffen. Wenn du das nicht schaffst, dann schafft das keiner." Ich kam mir vor wie eine gefeierte Heldin, die schwer verwundet, aber tapfer ihren Weg ging. Erst viele Jahre später ging mir auf, wie tapfer die anderen gewesen waren. Selbst mein Chef, der Krankheiten hasste wie die Pest, wich dem Gespräch über Leben und Tod nicht aus.

Bis zu diesem Zeitpunkt hatte ich gearbeitet, 16 Stunden am Tag. Immer wieder neue Projekte waren spannend, ungeheuer wichtig und natürlich sofort anzugehen. Nun war es das wichtigste Projekt, den Weg zum Bäcker zu schaffen. Und die wichtigste Einsicht, dass auch dieser Weg, kaum 100 Meter, nach der 3. Chemotherapie nicht mehr zu schaffen war. Ich kam die Treppe nicht mehr runter und schon gar nicht hinauf. Hatte ich mich mühsam von einer Chemo erholt, drohte bereits die nächste. Autofahren? Fehlanzeige. Einkaufen, Essen kochen, fernsehen? Keine Chance.

Ich wurde eine Küchen- und Bettqueen: Umsorgt, aber schwach, immer wieder ängstlich auf die Ergebnisse der Blutuntersuchung wartend. Ich wollte es schaffen. Ich wollte wieder gesund werden. Ich stellte mir bei jeder Chemo vor, wie die Krebsmittel waffenstarrend in meine Blutbahn einfielen. Vor meinem geistigen Auge lief eine Armee von Schellenhäschen durch meine Blutbahnen: „Nehmt euch in Acht, ihr guten Zellen“, riefen sie. „Geht in Deckung – die Bösen sind dran. Bitte rauskommen und aufstellen!“

Nach einem halben Jahr kam endlich die letzte Chemo. Nach Stunden im Krankenhaus schlich ich todmüde und erschöpft zum Auto, kletterte mit viel Hilfe auf den Beifahrersitz und wusste nur. „Das war das letzte Mal. Jetzt ist alles gut.“ Eine Anschlussheilbehandlung lehnte ich ab. Ich hatte keine Lust darauf, mit anderen Kranken in tristen Gruppenräumen zu sitzen. Ich wollte bei meinen Freunden sein, den beginnenden Sommer in unserem Garten genießen. Außerdem wollte ich endlich wieder arbeiten! Zurück in die Agentur und weitermachen!

Doch die Erholung zog sich hin. Die Krebsmedikamente hatten mein Herz geschwächt, die Nerven in meinen Füßen und Beinen angegriffen, sodass ich kaum stehen oder gehen konnte. Die Haare waren allerdings bald wieder da, lockig und dicht wie ein Pelz. Die Rufe „Nazi“, wenn ich über die Straße ging, wurden weniger und verstummten endlich ganz.

Ich war am Leben, aber es war nicht mehr das alte Leben. Die ersten Arbeitstage erschöpften mich so sehr, dass ich abends sofort ins Bett fiel. Wie sehr mich meine Kollegen auch unterstützten, ich konnte meine alte Energie nicht mehr aufrufen. Die Projekte erschienen mir plötzlich unsinnig. Hatte ich dafür überlebt? War das wirklich richtig, dass ich für diesen Job beinahe mein Leben riskiert hatte? Wäre ich nicht sofort ins Krankenhaus gegangen, hätte der Tumor Magen, Leber und Darm angegriffen. „Es war 5 vor 12", hatte der Chefarzt gesagt. „Sie haben ganz schön lange gewartet."

Mein Leben hatte ich also wieder. Ich hatte auch nie mit der Diagnose gehadert, sondern die Frage nach dem „Warum" von Anfang an mit „Warum nicht?" beantwortet, schließlich ist Krebs keine seltene Diagnose. Wenn ich also mein Leben wiederhatte, was wollte ich jetzt damit tun? Ich hatte erkannt, dass ich tapfer sein kann angesichts einer tödlichen Bedrohung. Wie viel mehr musste ich noch erkennen? Wenn ich Held sein wollte, dann aber richtig. Ohne eine Idee zu haben, kündigte ich meinen Job. Mir war klar, dass ich keine 16 Stunden mehr arbeiten wollte und dass ich – zum ersten Mal in meinem Leben – eine Pause brauchte, um herauszufinden, was ich wollte.

Drei Monate lang lebte ich von meinem Ersparten, flog mit meiner Freundin nach New York und erlebte sorglose, dem Moment hingegebene Tage. Erst im darauffolgenden Jahr nahm ich einen neuen Job an: sieben Stunden pro Tag, nur drei Tage die Woche. Keine großen Projekte mehr, keine großen Teams mehr.

Jetzt könnte die Geschichte eigentlich zu Ende sein: Ich habe es geschafft. Eine tödliche Bedrohung tapfer bestanden, mein Leben neu geordnet, mich dabei auf die Hilfe meiner Freunde verlassen und das Beste gehofft.

Aber ein PS kann ich Ihnen nicht ersparen.

In den folgenden Jahren stocke ich meine Stundenzahl auf, nahm wieder große Projekte und große Teams in Angriff. Es machte Spaß, es war wie früher – ich war wieder unverwundbar! Bis ich erkannte, dass ich genau den alten Fehler wiederholte: Ich arbeitete bis zur Erschöpfung, ließ mich unter Druck setzen, machte mir selbst Druck. Es hat 16 Jahre gedauert, bis ich meinen alten Fehler genau sehen konnte. Ich definiere mich durch Arbeit. Wenn ich Arbeit habe, bin ich wer. Habe ich keine, bin ich nichts. Leistung zählt, Widerstandskraft ist wichtig. Erholung dient dazu, weiterarbeiten zu können.

Vor gut anderthalb Jahren war ich so erschöpft, dass ich nicht mehr vom Sessel aufstehen konnte. Ich verbrachte Stunden in diesem Sessel und starrte entsetzt vor mich hin. Es gab keine Krebsdiagnose, die mich aus diesem Leben reißen würde. Ich war ein zweites Mal in die Falle gelaufen und tat immer noch nicht, was ich eigentlich längst hatte tun wollen: Arbeit und Leben ins Gleichgewicht zu bringen.

Die zweite Kündigung war noch schwerer als die erste. Meine Arbeit war mir ans Herz gewachsen, meine Projekte ein Teil von mir, meine Kollegen wichtige Gesprächspartner. Ich stieß sie alle vor den Kopf. Ich hatte keine Krankheit als „Ausrede“, sondern nur meine Erkenntnis: Ich kann das nicht mehr weitermachen. Ich bringe mich damit um.

Also ging ich auf volles Risiko: Kündigen und schauen, ob ich als Selbstständige auch klarkomme. Mein Nebenjob, die Immobilienmaklerei, verschaffte mir die Aussicht auf ein kleines Einkommen, ein paar Aufträge als Texterin kamen hinzu. Nicht viel, aber erst einmal ausreichend. Ohnehin: Wie viel brauche ich denn? Mein Fahrrad, einen Teich zum Schwimmen und vor allem meine Freunde. „Du schaffst das schon, wir glauben an dich.“

Tatsächlich habe ich jetzt, mit 52, endlich den Mut zum Risiko. Erst jetzt weiß ich, dass dieses Leben mir vielleicht zwei Mal geschenkt wurde, aber es ist definitiv einmal zu Ende. Mit Arbeit werde ich es nicht aufschieben können. Aber ich kann Leben davorsetzen. Leben in kleinen Momenten, in einer Balance von Muße und Arbeit. Für diese Erkenntnis habe ich 16 Jahre gebraucht. „Du schaffst das schon“ heißt nämlich gar nicht: „Du kannst noch mehr arbeiten!“ Es bedeutet eher: „Du kannst deinen Weg gehen, wie auch immer er aussieht. Lass dir nicht einreden, dass nur Leistung zählt. Was zählt, ist die Erkenntnis, dass du sterblich bist. Was also willst du tun, bevor du stirbst?“

4.3 Betrogen (von L.)

Als sie nach Hause kommt, fragt sie mich mehrfach: „Willst du wirklich wissen, wo ich gewesen bin?“ Nun ist es endlich raus und ich habe die Gewissheit, dass sie mit einem anderen Mann geschlafen hat. Sie erklärt, dass es heftig gewesen sei. „Hardcore Sex“, wie sie sich ausdrückt. Ihre Worte sind furchtbare Kränkungen für mich. Ich habe gewusst, dass ihr Fremdgehen seit Wochen geplant war, und es gab Ereignisse, die alles in Gang brachten.

Meine Krise, eine massive Lebenskrise ist durch den Ehebruch meiner Frau nach über 20 Jahren Partnerschaft ausgelöst worden. Als ihre Mutter im vorigen Sommer starb, reiste meine Frau in ihr Heimatland, um die Beerdigung zu organisieren. Einige Tage darauf schied ein naher Verwandter durch Selbstmord aus dem Leben; meine Frau entdeckte die Leiche selbst in der elterlichen Wohnung. Nun musste das Haus verkauft und eine Trauerfeier für beide Toten geplant werden. Der Hund war zu alt und krank, um in eine neue Familie aufgenommen zu werden, und wurde eingeschläfert. Insgesamt drei Tote.

Bei unserem Wiedersehen wirkte meine Frau trotz der tragischen Erlebnisse äußerlich ungebrochen, ja sie hatte an Lebenswillen zugenommen und strahlte Jugendlichkeit aus.

In den Wochen ihrer Abwesenheit kümmerte ich mich neben meiner Berufstätigkeit um den Haushalt. Manchmal verließ ich meinen Arbeitsplatz schon mittags, um den Kindern ein warmes Essen zuzubereiten. Die Freizeitaktivitäten im Sportverein und in der Musikschule, teils an Nachmittagen, teils an Wochenenden füllten meine Tage mit neuen Inhalten. Für einen Auftritt meiner Tochter in einer anderen Stadt hatte ich für die Vollständigkeit der Ausrüstung zu sorgen. Mit Verständnis und Humor sah meine Tochter über meine Unbeholfenheit beim Hantieren mit ihren Utensilien hinweg. Meine Frau hatte alles so sicher und entschlossen im Griff gehabt. Tanzkleid, wärmende Decken, Nahrung und Getränke, und dann noch das Logistikproblem der Zielortsuche. Auch da hätte ich mich gerne auf die Künste meiner Frau verlassen. Jetzt aber gab es einen Anlass, unsere betagte Familienkutsche mit einem Navigationsgerät aufzuwerten.

Da ihre Erledigungen terminlich weit auseinanderlagen, kehrte meine Frau zwischendurch mehrmals wieder nach Deutschland zurück. Anfangs vermissten unsere Kinder die Mutter sehr; wir waren in den zurückliegenden Jahren, abgesehen von meinen dienstlichen Reisen, nie getrennt gewesen. Wegen der Gewissheit ihrer Rückkehr normalisierte sich die familiäre Situation aber und die anfängliche Verlustangst unserer Tochter machte einem Zugewinn an Selbstständigkeit Platz. Auch sah ich, wie die Kinder näher zusammenrückten und gemeinsam für Mahlzeiten sorgten oder zusammen einträchtig fernsahen. Für die Wahl von Bekleidung, das Frisieren und Anlegen von Schmuck fühlte ich mich als Vater nicht wirklich zuständig. Und so konnte meine Tochter ihre eigenen Vorstellungen verwirklichen. Mit Freude sah ich sie, noch nicht einmal ein Teenager, gepflegt und modebewusst morgens den Schulweg antreten.

An einem Ferientag besuchte ich mit meiner Tochter einen Tierpark. Dort im Restaurant bekam ich den Eindruck, dass die Kellnerin uns besonders nett bediente, ja, ihr Blick war voller Mitleid. Sie dachte wohl, hier hätte ein geschiedener Papi seine Tochter für ein paar Stunden bei sich. Eine äußerst deprimierende Vorahnung.

Bei ihrer Rückkehr beklagte sich meine Frau über die wenig herzliche Begrüßung. Dies nahm ich mit Verwunderung wahr, da sie im Gegensatz zu mir weniger zu Gefühlsduselei und dafür eher zu Härte neigte. Andererseits fiel aber auch die Wiedersehensfreude bei den Kindern gering aus, weil das Entferntsein und Wiederkehren meiner Frau schon fast zur Normalität geworden waren. Das hauptsächliche Interesse galt also den Mitbringseln. Die Enttäuschung, die meine Frau empfand, erklärte sich in den folgenden Wochen.

Während ihrer Auslandsaufenthalte hatte sie nach all den Jahren ihre Freundschaften aufgefrischt und Wiederbegegnungen arrangiert.

In unseren Gesprächen stellte sie immer wieder ihre Lebenssituation in Frage: Lohnt sich das Leben nur für Ehe, Kinder und Haus? Ist Deutschland das richtige Land? Habe ich in meiner Jugend genug erlebt? Ist der Partner wirklich der richtige?

Die Konfrontation mit dem Tod der Verwandten hatte Lebenswillen und Erlebnishunger verstärkt. Ihr deutscher Alltag bot nicht genug.

Am Beginn der Partnerschaft mit meiner Frau hatte ich alle Kontakte zu weiblichen Bekannten abbrechen müssen. Dies hielt ich als junger Mann zunächst für übertrieben. Was sprach schon gegen einen harmlosen Briefwechsel mit einer alten Freundin, die nun in einer anderen Stadt wohnte? Aber ich sah ein, dass dieser Schritt zur Vermeidung von Eifersucht in beiderseitigem Einvernehmen sinnvoll sein konnte. Immerhin konnte ich die alten Briefe und Fotos der Verflossenen verstecken. Sie allerdings hatte zum Zeichen ihrer Liebe zu mir ein Foto ihres ersten Freundes vor meinen Augen zerrissen.

Ihre nun nach dem Tod der Mutter aufblühenden Sehnsüchte bedrückten mich sehr. Ich beschloss, diese als hoffentlich bald vorübergehende Erscheinung zu akzeptieren und ein toleranter, einfühlsamer Ehemann zu sein.

Sie trat über Handy und Facebook in Kontakt zu dem Mann, den sie vor Jahrzehnten meinetwegen verlassen hatte: die prägende erste Liebe ihrer Jugend. Der Austausch von SMS vollzog sich bald zu jeder Tag- und Nachtzeit, ungeachtet meiner Gegenwart. Ich fand es unerträglich. Wann immer sie länger als vermutet mit dem Auto unterwegs war, stellte ich mir vor, dass sie auf einem Parkplatz mit ihrem Freund telefonierte und Liebesbotschaften austauschte. Ich versuchte, ihr möglichst oft zu begegnen, verabredete mich mit ihr in der Stadt, rief sie oft an, nur um meinem Rivalen möglichst wenig Zeit mit ihr zu lassen. An anderen Tagen wieder mied ich ihre Gegenwart, um mich von meiner Eifersucht abzulenken. Ich schlenderte durch die Fußgängerzone, blickte glücklichen Paaren auf dem Weihnachtsmarkt beim Glühwein zu oder ich verließ meinen Arbeitsplatz erst, wenn wirklich niemand sonst mehr auf der Etage war.

Selbstzweifel kamen auf: „Habe ich in den letzten Monaten alles richtig gemacht?" Vielleicht hätte ich manchmal Zorn und böse Worte durch längere Läufe um den Block zurückhalten können. Noch mehr Toleranz und Verständnis waren hier scheinbar erforderlich. Vielleicht aber brauchte sie eine stärkere Hand, als ich sie zu bieten habe, eine Hand, die sie an einer kürzeren Leine hält und dies notfalls mit Gewalt ... Ich fühlte mich in beiden Denkvarianten unzulänglich und litt unter Verlustangst.

Unser Sohn fand es „bitter", dass seine Mutter in ihrem Alter Facebook-Nutzerin geworden war. Schon 34 Freunde nach fünf Tagen. Mit Wetteifer bemühte ich mich ebenfalls um Kontakte zu alten Freunden, insbesondere weiblichen. Meine Frau nahm dies hin und fuhr mich sogar einmal zu einem Kneipenbummel. Ich war mit einer Mitschülerin verabredet und wollte mir für den Weg zurück ein Taxi nehmen. Als ich aus dem Auto stieg, bekam ich ein mulmiges Gefühl. Dies war ein erster Schritt auf einer dunklen Straße. Die Gaststätte, in der unsere Begegnung stattfinden sollte, hatte einen Aushang: „Geschlossene Gesellschaft". Bei meiner Rückkehr an diesem Abend fand ich meine Frau aufgelöst und angetrunken vor. Sie erzählte, sie habe in der Zwischenzeit ihren Ex mit verächtlichen SMS auf die Palme gebracht.

Für die Zeit nach der Beerdigung planten wir ursprünglich eine Reise mit einem gemieteten Wohnmobil. Dazu kam es nicht mehr. Vonseiten meiner Frau bestand kein Interesse an gemeinsamen Unternehmungen mit der Familie. Die Haushaltsführung wickelte sie als Pflichtprogramm so schnell wie möglich ab, um sich anschließend dem kommunikativen Hobby hinzugeben. Meine Frau sortierte ihre alten Fotos und Briefe. Viele Partybilder aus der Zeit, als wir uns noch nicht kannten ...

Wir wohnten bis vor einem Jahr zur Miete in einem Mehrfamilienhaus, in dem es richtig Zoff mit einigen Nachbarn gab. Unsere Kinder hatten schlechten „Umgang". Also probierten wir es noch mal ein bisschen härter und ein erwarben kleines Haus. Dabei, wie auch bei meinem beruflichen Werdegang, war meine Frau immer die Initiatorin, die wusste, was wie geht, etwa wie der Prüfungsordnung Genüge zu tun ist, an wen man sich wendet, um an Jobs zu kommen, wie man die passende Immobilie auswählt. Jetzt suchte sie selbst einen Job im Land ihrer Geburt und würde unsere Tochter, der Sohn sollte hierbleiben, mitnehmen. Aber sie wechselte ständig auch ihre Meinung, mal war es ein Kind, mal beide. In ein Land, in dem moderne Mütter erstens berufstätig und zweitens mindestens einmal geschieden sind. Sie sehnte sich sehr nach ihren alten Freunden. Ich würde hierbleiben müssen, da es ökonomisch unsinnig wäre, wenn ich meinen Beruf aufgeben würde ... Die Kinder könnten dort sogar eine deutschsprachige Schule besuchen. Ich dürfte manchmal am Wochenende „rüberfliegen". Ihr ursprünglicher Lebensentwurf bestand darin, nach dem Studium wieder in das Heimatland zurückzugehen und dort Karriere zu machen. Stattdessen band sie sich an mich und wir bekamen Kinder. Meine Berufstätigkeit sorgte für finanzielle Sicherheit, sie wurde Vollzeitmutter.

Nun aber kam einiges zusammen: die Erinnerungen an die tragischen Erlebnisse im Zusammenhang mit dem Tod der nahen Verwandten, die Wechseljahre, die Suche nach Selbstbestätigung und Eigenständigkeit, der Wunsch, in die Jugend abzutauchen und in der verlorenen Heimat zu sein. Unerfüllte Lust spielt auch hinein. Das veränderte Verhalten meiner Frau hatte Auswirkungen auf die ganze Familie. Meine Tochter flüsterte mir eines Morgens zu, dass diese Frau wohl nicht ihre Mutter sei. Mein Sohn benutzte verunglimpfende Ausdrücke, um die gestiegene sexuelle Attraktivität meiner Frau zu kritisieren. Seine Frechheiten waren nicht zu dulden, aber es tat meiner Seele für Sekundenbruchteile gut, dass hier jemand Partei gegen meine Frau ergriff.

In all den Jahren hatte ich geglaubt, dass man zusammenbleiben kann, sich treu ist und dass dies einvernehmlich und mit Blick auf mögliche unangenehme Folgen des Fremdgehens auch immer so bleiben kann. Aber meine Frau war nun so ehrlich, dass sie für sich nichts mehr ausschließen wollte. Dafür sei das Leben zu kurz.

Also fand ich es besser, keine innigen Gefühle mehr für sie haben. Gefühle zu haben oder nicht: Lässt sich das beschließen? Ich konnte mir nämlich nicht vorstellen, diese Situation der schwebend unwirksamen Ehe mit einer Frau, die ich liebte, jahrelang zu ertragen.

Meine Frau plante ein Frauenwochenende, an dem sie sich komplett aus der Familie ausklinken wollte. Anrufen verboten.

Als eine Freundin unsere Tochter von einem Ausflug zurückbrachte, bekam ich Gelegenheit, mein Herz ein wenig zu erleichtern und von den offensichtlichen Bedrohungen unserer Ehe zu berichten. Sie riet lapidar, dass wir uns zusammenraufen sollten.

Manchmal gab es schon sehr unschöne Szenen, bei denen auf das Argument das Schreien folgte und das Schreien Handgreiflichkeiten aller Beteiligten auslöste. Dafür kann man sich natürlich schämen, aber ungeschehen machen geht nicht. Natürlich gibt es unterschiedliche Interpretationen darüber, wer wen zuerst terrorisiert hat. Jeder sieht es anders. Der eine hat zu viel Temperament, der andere neigt zu Jähzorn. Also immer schön um den Block laufen, bevor es zu spät ist. Und Loslassen können muss man auch ...

Wenn man von Arbeit und Schule fertig ist, dann muss man auftanken – zu Hause. Das war mir nun nicht mehr möglich. Mein Schlaf war schlecht. Unser Sohn zog sich in sein Zimmer zurück. Ich wurde immer noch nicht damit fertig, wenn dann mal wieder eine Nebenbuhler-SMS eintrudelte und sofort beantwortet wurde, während ansonsten Schweigen herrschte.

Leider wurden die Kinder von diesem Geschehen auch beeinflusst. Zum Teil wegen des Verhaltens meiner Frau, die stundenlang nicht ansprechbar war, und andererseits durch meine provokativen Äußerungen. Unser Sohn schien durch beides die Achtung vor seinen Eltern total verloren zu haben ...

Wenn man vernünftig wäre, würde man doch sagen: Aus den Augen, aus dem Sinn. Die modernen Medien wirken dieser Weisheit entgegen. Jederzeitiger Austausch ist nicht nur leicht möglich, sondern häufig unvermeidbar, wenn man den Reiz dazu empfängt. Mich beunruhigte, dass sie beabsichtigte, ihren SMS-Partner, den sie im bei der Haushaltsauflösung kurz gesehen hatte, wiederzutreffen, um wirklich herauszufinden, was sie noch mit ihm anfangen könne. Das war für mich nicht einfach so zu schlucken. Sie habe ihn damals ohne ein Abschiedswort verlassen und bedauere nun, viel verpasst zu haben, weil sie unmittelbar darauf in die Beziehung zu mir geschlittert sei. Nun habe sie Nachholbedarf, um es ihren bereits in der zweiten Patchworkfamilie lebenden Freundinnen gleichzutun. Meine Frau berichtete mir auch von dem unsteten Lebenswandel ihres verlassenen Freundes, der sie immer noch lieben würde. Er wolle sie heiraten und habe immer geglaubt, dass sie wieder zusammenkämen. Seine Beziehung sei gerade beendet und bald werde er eine eigene Wohnung haben.

In dieser Zeit bemerkte ich, dass mir meine Frau als Hauptbezugsperson abhandengekommen war. Sie rief mich tagsüber nicht mehr an. An meiner statt war der ehemalige Freund ihr engster Vertrauter geworden.

Als das „Frauenwochenende" nahte, verabredete ich einen Besuch bei einer Schulfreundin, die auf einem Bauernhof wohnt. Mit meiner Tochter machte ich mich dahin auf den Weg. Es bestand die begründete Hoffnung, nette Leute zu treffen und meiner Tochter einen schönen Tag auf dem Land mit Hühnern, Pferden und Schafen zu bieten. Auf halber Strecke kam ein Anruf meiner Frau, ich müsse für sie alle Kreditkarten sperren, sie habe erst ihre Freundinnen und dann ihr Portemonnaie verloren. Im Hintergrund hörte ich einen Mann atmen. Ich fragte, wo sie denn übernachtet habe und wer bei ihr sei. Da sie keine Antwort geben wollte, war ich sehr beunruhigt.

Mein Sohn brachte mich auf die Idee, dass sie über das Wochenende zu ihrem Ex geflogen sein könnte. Zeitlich hätte es gepasst. Von Freitagmorgen bis Montagabend? Schreckliche Momente der Ungewissheit. Ich ging auf dem Flur auf und ab und dachte mir: „Jetzt ist es passiert. So fühlt es sich also an, wenn ein Ehemann betrogen wird." Trauer, Wut, Schwäche. Ich hatte versagt, war nicht liebenswert und potent genug, sie zu halten. Ich erwog, einen Kontrollanruf bei der gastgebenden Freundin zu versuchen. Wie gut, dass mein Sohn alt genug war, um meine Gedanken zu teilen. Er hatte in den vergangenen Wochen mitbekommen, dass es schlecht um unsere Ehe stand. Ich war auch nicht immer stark genug gewesen, meine Unsicherheit und meine belasteten Gefühle zu seiner Mutter vor ihm zu verbergen. Ich rief meinen Sohn an und bat ihn, mir die Nummer der Freundin aus dem Telefonspeicher durchzusagen. Moment, die Nummer ist gelöscht!!! Wieso? Genau, um Kontrollanrufe zu verhindern. Und dann wurde ich paranoid. Überraschenderweise fand ich die Nummer der Freundin: In meinem Handy war die Nummer auch noch gespeichert, denn ich hatte sie einmal vom Bahnhof abgeholt. Jetzt konnte ich anrufen! Die Tochter meldete sich. Auf meine Frage, ob sie meine Frau heute gesehen habe, bejahte sie. Durchatmen. Meine Frau war in Deutschland. Also waren meine Befürchtungen vielleicht unbegründet?

Später kam eine SMS meiner Frau, ich solle mich schämen, ihre Freundinnen anzurufen und zu spionieren. Seltsamerweise war die SMS in ihrer Muttersprache verfasst, kam aber Stunden später nochmals in deutscher Übersetzung.

Wie fremd war mir meine liebe Frau geworden.

Am Abend ihrer Rückkehr wurde klar, dass ich gar nicht so falsch vermutet hatte: Sie erklärte, dass sie die Nacht mit ihrem Freund in dessen Hotelzimmer in Deutschland verbracht habe.

All dies war eine unglaubliche Provokation. Meine Frau hatte tatsächlich, wie lange angekündigt, Ehebruch begangen, und zwar in einer Weise, die das totale Abhandenkommen der Werte zeigte, die ich gerne beibehalten hätte. Die Worte „bis dass der Tod euch scheidet" waren Grundlage meines Glaubens an unsere Liebe gewesen und so hatte die eheliche Treue für mich eine tiefe Bedeutung gehabt. Bauchschmerzen schon vom Zusehen bekam ich bei Fernsehreportagen über sexhungrige Ehefrauen, die mit dem Einverständnis ihres Mannes einen weiteren Liebhaber in das Bett holten, oder über Ehemänner, die Pornos mit der eigenen Frau als Darstellerin drehten. Swingerclubs fielen ebenso in diese Kategorie des für mich völlig Unannehmbaren. Dies war meine Anschauung, meine Moral gewesen.

Meine Vorstellungen passten offensichtlich nicht zu Menschen, die ihr Leben genießen und sexuelle Begierde ausleben, nicht mehr zu meiner Frau, die erfahren hatte, wie schnell ein Leben endet. Ein Leben, das unerfüllt bleibt, solange die berufliche Karriere nicht gelingt, die Selbstbestätigung durch eine Vielzahl sinnlicher Erlebnisse mit zahlreichen Verehrern fehlt, der Partner einfach nicht derjenige ist, der wirklich geliebt wird.

Nun ging es mir so schlecht, dass ich tatsächlich Hilfe brauchte. Ich holte mir Rat bei Freunden („Das geht schon irgendwann vorbei."). Ich verbrachte aber auch mehr und mehr Freizeit mit Freunden, was mir guttat. Ein geplantes Dreiergespräch mit der Hausärztin meiner Frau hat nie stattgefunden. Sie verweigerte das. Aber ich merkte, dass es gut war, andere Menschen um Hilfe und Unterstützung zu bitten. Also wandte ich mich an den sozialpsychiatrischen Dienst. Ich war überfordert und versprach mir von dort Hilfe. Mehr und mehr zweifelte ich an der psychischen Gesundheit meiner Frau. Wir haben anschließend auch mehrfach die Beziehungsberatung aufgesucht. Zusammen und alleine. Es hat mir gutgetan, dort durch angeleitete Gespräche geführt zu werden. Und der Anwalt? Das Gezerre um Geld und Sorgerecht, um Haus und Hof, machte alles viel schlimmer. Wir haben damit zu früh begonnen. Damals schien es mir jedoch eine Hilfe zu sein. Dann aber, endlich, suchte ich eine Freundin aus alten Zeiten auf, die sich viel Zeit nahm, mich wachzurütteln und mir den Kopf zurechtzurücken. Sie gab mir Hilfen an die Hand, wurde meine Mentorin. Sie legte mir meine Situation dar, zeigte Möglichkeiten auf. Sie wies auf Handlungsspielräume, Notwendigkeiten und Konsequenzen hin.

Wie soll ich die Trauer überwinden, den Verlust verkraften, die sentimentalen Momente meiner schönen Erinnerungen bewältigen? Die Aufgabe ist, dankbar loszulassen und die neue Freiheit als Chance zu sehen. Dass unsere Liebe zu Ende gegangen ist, lag nicht nur an meiner Frau. Ich bin dankbar für die schönen Jahre, die ich an ihrer Seite sein durfte. Für die wunderbare Möglichkeit, in ihrer Familie die Kultur eines anderen Landes zu erleben. Dankbar für unsere Kinder, deren Entwicklung ich manchmal nur bruchstückhaft mitbekam, weil der Beruf zu viel Zeit beanspruchte.

Es tut mir leid, dass ich, in Rage gebracht, meine Frau und Kinder mit barschen Worten herabsetzte, indem ich meine Vorfahren über sie stellte.

In der letzten Phase hoffe ich, dass das Wohl der Kinder über den materiellen Interessen stehen wird und dass beide Kinder weiter zusammenbleiben werden. Dass sie die Schäden, die sie durch die elterlichen Auseinandersetzungen genommen haben, überwinden werden. Auch hoffe ich, dass der Abschied leichtfallen wird und keines der Kinder Schuldgefühle bekommt, wenn es den einen Elternteil loslassen muss.

Ich hoffe, dass ich meine Chance einer neuen Beziehung wirklich wahrnehme und es mir gelingen wird, genügend Aufmerksamkeit und Liebe zu geben.

Anmerkung: Wochen später. Zwischenzeitlich ist der Vater schwer erkrankt, er liegt auf dem Sterbebett. Damit hat sich der Aufmerksamkeitsfocus verschoben. Das Paar hat eine gemeinsame Therapie angefangen. Die kurzfristige Affäre mit einer anderen Frau ist beendet. Sie ist aus denselben Gründen gegangen wie die Ehefrau. Der Mann in der Geschichte hat die Krise noch nicht überwunden, er arbeitet aber immer mehr in Richtung Therapie, um sich selber besser kennenzulernen und damit etwas Positives zu verändern. Diesen Rat erhielt er immer mehr von Freunden.

4.4 Die Zeit der Leere (von Lea Kölsch)

Plötzlich ist er da, der Gedanke, der nicht mehr von meiner Seite weicht. Egal was ich mache, welche Ablenkung ich auch suche, Spaziergänge im Grünen, Sport im Freien oder Freunde treffen, er lässt sich einfach nicht verscheuchen. Dabei will ich diesen Gedanken gar nicht in meinem Kopf haben. Selbstmord. Immer wieder drehen sich meine Gedanken nur um dieses eine Thema.

Suizid ist ein heikles Thema. Es ist nicht nur heikel, es ist anstrengend. Es zieht Energie. Energie, die ich gerne für andere Dinge einsetzen würde. Meine Psyche ist aber nicht bereit dazu. Jeder angefangene Gedanke endet in der Vorstellung, wie ich meinem schönen Leben ein Ende setzen könnte. Selbstmord ist ein Tabuthema, über das man nicht spricht. Ich schäme mich, davon zu berichten. Suizid ist ein Thema, mit dem ich mich noch nie beschäftigen musste. Niemand aus meiner Familie oder meinem Freundeskreis hat jemals Selbstmord begangen. Ich bin hilflos. An wen kann ich mich wenden, wer kann mir helfen? Das sind Fragen, die in meinem Kopf herumschwirren, wenn ich mich mal nicht mit meinem Freitod beschäftige. Obwohl es viele Menschen in meiner Nähe gibt, die mich mit Sicherheit aufgefangen hätten und dies sogar sehr gerne getan hätten. Ich traue mich nicht, sie anzusprechen, zu groß ist die Scham. Ich beginne mich zu erkundigen. Das Internet bietet eine Fülle von Informationsportalen. Ich gebe in einer Suchmaschine das Wort „Selbstmord" ein. Ungefähr 4.850.000 Ergebnisse in 0,25 Sekunden erscheinen. Die Nummer der Telefonseelsorge ist an erster Stelle zu finden. Soll ich da etwa anrufen?

Statt bei der Seelsorge anzurufen, finde ich mich auf Seiten wieder, die mir die schnellste, bequemste und sicherste Methode eines Selbstmordes nahelegen. Ich informiere mich über verschiedene Arten des Selbstmordes. Ein furchtbarer Kampf tobt in mir. Ein Kampf um Leben und Tod. Es gibt interessante Möglichkeiten, seinem Leben ein Ende zu setzen. Einige sind so raffiniert, dass sie gar nicht wie ein Freitod aussehen würden. Das beruhigt auf der einen Seite mein schlechtes Gewissen, da ich natürlich auch an die Hinterbliebenen denke. Ein Freitod, der wie ein Freitod aussieht, schürt die Schuldgefühle der Hinterbliebenen. Das will ich nicht.

Je mehr ich mich aber mit dem Tod beschäftige, desto stärker wird mein Wunsch Hilfe anzunehmen. Psychologen und Psychiater haben aber unfassbar lange Wartelisten und sind in den Minuten, in denen ich sie brauche, nicht zu sprechen. Mit wem soll ich dann über diese Gedanken reden?

Es fällt mir schwer, Freunden von meiner Todessehnsucht zu erzählen. Mich zu öffnen. Immer wieder kämpfe ich gegen diese suizidalen Gedanken an. Mal sind sie ganz schwammig und kaum greifbar. Manchmal sind sie so konkret, dass ich mich erschrecke. Oftmals fühlt es sich so an, als ob ich mich in einer Spirale befinde, die mich stetig nach unten zieht. Ich will mir aber nicht ausmalen, wie gut es wäre, jetzt tot zu sein. Ich will nicht überlegen, welche Todesart ich wähle. Ich will auch nicht darüber nachdenken, wo ich wohl beerdigt werden will. Und doch kriege ich in keiner Stunde, keiner Minute und in keiner Sekunde den Suizid aus meinem Kopf. Was soll ich also einer fremden Person erzählen? Wie soll ich jemandem, den ich nicht kenne und der mich nicht kennt, begreiflich machen, dass ich mich leer fühle? Dass ich mich wie eine Marionette fühle oder wie ein Brunnen. Ein leerer, tiefer Brunnen. Dunkel und einsam. Ich spüre nichts mehr. Die Zeit schleicht, rast oder zieht einfach an mir vorüber. Die Zeit, die einzig konstante Veränderung in unserem Leben. Die Zeit, wertvoll, Sekunde um Sekunde, von der Geburt bis zum Tod. Ich will mein Ende nicht selbst bestimmen, und doch habe ich diese furchtbare Todessehnsucht in mir. Ich kann nicht begreifen, warum.

Es ist Sommer. Eine meiner liebsten Jahreszeiten. In mir wohnt immer ein Funke Hoffnung und ich sehe in meisten Fällen etwas Positives. Auch wenn es im ersten Augenblick negativ erscheint. Auch dann, wenn ich mich wie ein leerer tiefer Brunnen fühle. Oder das Gefühl der Zeit scheinbar komplett verloren habe. Es gibt Anker oder Wendepunkte im Leben, die einen aus misslichen Lagen retten. Manchmal sind sie deutlich und man weiß, warum dies nun so geschieht. Bei mir ist es nicht so deutlich. Der Moment ist einfach da. Der Moment, an dem ich spüre, dass ich leben will. Ich benötige fremde professionelle Hilfe. So begebe ich mich freiwillig in ein Krankenhaus, dort erzähle ich von meiner Todessehnsucht und meinen Suizidgedanken. Ich bekomme eine Reihe von Medikamenten, die mich zur Ruhe bringen und meine negativen Gedanken unterbrechen. Die medikamentöse Behandlung erstreckt sich über Wochen. In der ersten Zeit bemerke ich nur die starke Wirkung von Psychopharmaka, doch mit der Zeit gewöhnt sich mein Körper an diese Medikamente und schaltet in einen relativ ruhigen Modus. Ich schlafe viel und rede kaum. Meine Gedanken rasen jedoch immer noch wie wild umher. Regelmäßig habe ich Gespräche mit den Psychologen des Krankenhauses. Die Gespräche helfen mir, meine Gedanken zu sortieren und ein wenig zu steuern. Ich lerne verschiedene Techniken, die mir in schwierigen Situationen helfen sollen. Anfangs kann ich diesem ganzen „Firlefanz" nichts abgewinnen. Ich kann mir nicht vorstellen, dass es mir etwas bringt, wenn ich zu mir „Stopp" sage. Die ersten Versuche, die erlernten Übungen anzuwenden, schlagen dementsprechend auch furchtbar fehl und helfen mir kein Stück. In vielen Gesprächen mit meinem Mitpatienten und meinen Bezugspflegern vertiefe ich die unterschiedlichen Techniken. Stück für Stück nähere ich mich den Übungen an und verinnerliche sie. Nach sehr langer Zeit des Übens gelingt mir die „Stopp"-Regel zum ersten Mal. Ich kann selbst meine negativen Gedanken stoppen. Die Gedankenspirale dreht sich nicht tiefer. Sie bleibt stehen. In diesem Augenblick scheint es mir so, als ob die Zeit, die normalerweise unaufhaltsam voranschreitet, plötzlich stehen bleibt. In diesem Augenblick versuchte ich zu verharren und mich selbst zu suchen. Ich versuchte meine Gedanken, meinen Körper und meine Seele in ein Gleichgewicht zu bringen. Dieser kleine „zeitlose" Augenblick fühlt sich großartig an und gibt mir Mut für die folgenden.

Jammern gilt nicht!

5

Die Krisen-Geschichten im Kapitel zuvor sollen Ihnen nicht nur versichern, dass Sie nicht allein sind, sie sollen auch zeigen, wie gut es ist, innezuhalten und Ihre eigene Krise anzunehmen. Sonst könnte es sein, dass Sie eine Krise für andere werden.

Jammern ist die Eintrittskarte in die Krise

Jegliches Jammern über sich und/oder andere ist eine Einladung, in den turbulenten Zustand einer Krise hineinzugehen. Lassen Sie die Krise also lieber kommen und bereiten Sie sich darauf vor, anstatt sie schon im Vorfeld zu bejammern. Tun Sie das nicht, kann es sein, dass

- Ihre Familie oder Freunde langsam in die Knie gehen;
- Ihr Partner, Ihre Partnerin die Freiwilligkeit in der Liebe verliert;
- Ihr Risiko steigt, chronisch zu erkranken;
- Sie sich an die dauernde Unzufriedenheit gewöhnen und das Jammertal nicht mehr verlassen.

Jammern betrifft immer auch die anderen

Also: Jammern gilt nicht! Sie laufen sonst Gefahr, die Schuld allzu leicht auf andere zu schieben, sich selbst in der Rolle des Opfers zu sehen, das zu allem nichts kann. Nehmen Sie die Situation so an, wie sie ist, seien Sie bereit, das Problem zu akzeptieren, ja, versuchen Sie sogar, der ganzen Misere mit einer Portion Humor entgegenzutreten – Sie werden sehen, es erleichtert Ihnen und Ihrem Umfeld den Umgang mit der Krise ungemein! In den folgenden Kapiteln zeige ich Ihnen, was genau ich damit meine.

Handeln Sie, anstatt zu jammern

Ein Ignorieren der Vorzeichen, der Hinweise aus der eigenen Welt sowie der Umwelt, kann Folgen für Sie und Ihre Umgebung haben. Viele Menschen kommen oft schon mit dem normalen Leben nicht zurecht, sind also für wirkliche Krisen und existenzielle Bedrohungen gar nicht gewappnet, können daran zerbrechen. Depression, Ängste, Burnout, andere Stresskrankheiten schwächen ihr Immunsystem. Tatsächlich aber können auch diese Menschen lernen, kleinere Krisen zu bestehen – mit dem Rettungsring, mit einer kleinen Heldenreise. Es braucht eine gute Portion Resilienz, die Einsicht, dass wir selber gestalten können.

Um es mit den Worten der Diplom-Psychologin und Psychotherapeutin Ursula Nuber zu sagen: „Wer eine Trennung, eine schwere Krankheit, einen Jobverlust, eine tiefe Enttäuschung oder gar Gewalt verarbeiten muss, braucht eine neue Weltsicht, in der diese schlimmen Erfahrungen auf eine Weise Platz finden, die den Sinn des Lebens insgesamt nicht infrage stellt. Um diese Anpassungsleistung erbringen zu können, sind verschiedene Fähigkeiten wichtig. Fähigkeiten, die manche Menschen von klein auf entwickeln, die aber auch zu einem späteren Zeitpunkt im Leben erworben werden können.

Resiliente Menschen weichen dem Schmerz nicht aus, der mit einem traumatischen Erlebnis verbunden ist. Sie realisieren, dass sie in einer Krise sind und dass sich etwas Fundamentales verändert hat.

Die Betroffenen gestehen sich ein, dass sie selbst durch das Geschehen verändert sind, dass ihre Gefühle mächtiger, quälender, schmerzhafter erscheinen als alle Gefühle, die sie bisher erlebten, und dass auch ihr Verhalten nicht zu dem Menschen passt, der sie vor der Krise waren: Sie sind wie gelähmt, unendlich müde, können keinerlei Freude empfinden. Auch Gedanken wie ‚Wozu soll das alles noch gut sein?' tauchen auf. Die Betroffenen fühlen sich abgeschnitten von der übrigen Welt. Die Ängste, die diese Situation hervorruft, sind schwer auszuhalten – aber resiliente Menschen verdrängen sie nicht. Sie wissen, dass diese Ängste nützlich sind, um sich langsam vom Abgrund wegbewegen zu können.“[34]

---

34 Nuber, Ursula. „Seele im Widerstand“, Psychologie heute. Beltz Verlag. 2012, Heft 32, S. 25

Und es braucht Mut, um sich die Nähe zum Abgrund einzugestehen. Unglaublich viel Mut, um dazu zu stehen, dass man das als Mensch erlebt hat. Die Courage, dahin zu schauen, was wir erlebt haben, ist eine große, meist allumfassende Courage. Und wenn der Abgrund noch so tief ist: Er ist ein Teil unseres Lebens. In dem Moment ist uns das nicht bewusst, das kommt meist erst im Nachhinein.

Haben Sie den Mut, Ihre Krise zu sehen, wie sie ist

Wie viel einfacher wäre es doch – denken viele –, sich nicht beteiligt fühlen zu müssen, sich herauszuwinden, wie wir es als Kinder taten. Als Erwachsene müssen wir unsere jeweiligen Aufgaben bewältigen und dürfen nicht ausweichen. Doch gerade das gelingt nicht allen Menschen, auch schon bei weitaus weniger krisenhafen Ereignissen nicht. Das können die Aufgaben in den Lebensphasen nach Erikson oder andere Modelle sein, die klassischen Schritte auf unserem Reifeweg, das Scheitern am nächsten Wachstumsschritt, dem wir nicht in die Augen sehen wollen.

Für mich liegt das Wunder und Heilmittel nach wie vor in der Akzeptanz, im Hinnehmen und vor allem im Nicht-Werten. Als ich als Kind und Jugendliche geschlagen wurde, habe ich damals und jetzt nicht gewertet. Das wäre die Frage nach dem Huhn oder Ei gewesen. Sie ist für mich nicht zu beantworten und es macht auch keinen Sinn, sie zu stellen. Selbst in den zutiefst verzweifelten Momenten, in denen ich in meinem Schmerz und meiner Hilflosigkeit nichts anderes mehr tat, als ebenfalls zu schlagen, ebenfalls einen geliebten Menschen, war eine Wertung nicht möglich. Wie denn auch? Mit welchem Maß?

Akzeptanz ist das wirksamste Heilmittel

Lediglich das Hinnehmen, der Blick in den eigenen Abgrund, in den des Gegenübers und in den gemeinsamen ist wichtig. Es ist hart genug, in diesen Momenten voller Scham im Jetzt zu sein, dazubleiben und zu schauen, was wir lernen können, was wir anders tun können, wenn unsere Würde oder Sicherheit bedroht wird. Es ist unwichtig, warum sie bedroht wird; wichtig ist nur, wie wir es aushalten können.

5.1 Raus aus der Projektions-Falle

Entsagen Sie dem „Weil du"-Prinzip

In meinem Bekannten- und Freundeskreis gab es in den letzten Monaten ein wiederkehrendes Thema: Eine feste Beziehung wird durch die Liebe zu einem dritten Menschen auf den Prüfstand gestellt, beendet, verändert oder zerstört. Ganz variantenreich. Kennen Sie diese Situation? Wenn der Mensch, den Sie lieben, sein Herz an jemanden anderen verschenkt? Das sind Sekunden, in denen tut sich der Boden auf, da zerspringt das Herz, da kommt ein Drehschwindel, alles steht in Frage. Auch da ist das Bewerten fehl am Platze. Da ist es jetzt für viele Menschen eine vollkommene Gewohnheit, andere dafür verantwortlich zu machen. Der Schmerz ist ja auch nicht leicht zu ertragen. Leichter ist es, wenn man sagen kann:

„Das ist alles nur passiert, weil du ...!, Weil du ...!, Weil du ...!"

Ich halte das „Weil-du-Prinzip" für einen Liebeskiller. Der Liebe zu mir und zu anderen. Es scheint mir, als leugneten wir damit unsere Verantwortung für unser Seelenheil und Glück, wenn wir anderen aufbürden, dass sie diesen – ehrlich gesagt „miesen" – Job für uns erledigen. Es ist für beide Seiten eine Pattsituation, aus der keiner leicht herauskommt.

Erforschen Sie sich selbst

Der Verfechter der „gewaltfreien Kommunikation" Kelly Bryson glaubt, dass das Beschuldigen anderer uns daran hindert, den wahren Grund unserer emotionalen Leidens zu verstehen. Er sagt: „Wenn ich beschuldige, bin ich mir nicht darüber im Klaren, dass meine Wut, meine Angst, meine Scham und mein Schuldgefühl von jenem Teil von mir stammen, den ich ‚die innere kritische Stimme' nenne oder liebevoller ‚meinen inneren Wolf'. Solange ich den langen dürren Finger des Beschuldigens auf sie richte, brauche ich mir nicht bewusst zu machen, dass die Geschichte, die ich mir selbst über ihr Verhalten erzähle, meine schmerzhaften Reaktionen nur noch verstärkt. Und weil ich die wahre Ursache meines Leidens nicht an mich heranlasse, bin ich nicht in der Lage, an der Situation wirklich etwas zu ändern. Obwohl ich mir große Mühe gebe, das Feuer in mir, an dem ich leide, zu löschen, indem ich versuche, den anderen dazu zu verführen, die

Verantwortung dafür zu übernehmen, brennt es immer noch. Es ist, als würde ein Spiegel im Feuer reflektieren und als würde ich Eimer um Eimer Wasser auf den Spiegel schütten und erwarten, dass ich das Feuer auf diese Weise löschen kann. Immer wenn ich jemand anderem die Schuld an etwas geben, raube ich mir selbst dadurch die Macht."[35]

Mein persönliches Beispiel

In den letzten Jahren habe ich es bei einem befreundeten Berliner Paar (es war ein Frauenpaar) erlebt, wie die Familie Schritt für Schritt zerbrach. Die eine lebte über Jahre in der Vorstellung, dass die andere für ihre Gefühle und ihren Allgemeinzustand verantwortlich war. Immer wieder hob sie an: „Du bist so dominant ...", „Du bist so kontrollierend ..." und ähnliche Zuweisungen. Sie versuchten das über die Jahre zu klären. Durch Gespräche, ein Coaching oder eine Aufstellung, doch im Alltag schlug sich das „weil du" immer wieder durch. Die Partnerin, der die Verantwortung gegeben wurde, zerbrach fast daran und bat mehrfach deutlich um eine Veränderung. Die Schuldzuweisungen wuchsen. Sie verließ die gemeinsame Wohnung nicht, weil sie ihren Sohn nicht aus seinem Milieu reißen wollte. Also blieb sie und hielt aus. Von außen war es schmerzhaft zuzusehen. Gleich einer Co-Abhängigkeit hielt sie wacker durch, setzte immer wieder auf die Hoffnung. Doch in all den Zuweisungen und Projektionen starb die Liebe. Sie trennten sich. Für mich war es schwer, dabei zuzuschauen, denn hinter allem war die verletzte Liebe zwischen den beiden noch so sehr zu sehen.

Solche Urteile wie „Du bist irre!", wie sie der einen immer wieder gesagt worden sind, tun nicht nur weh, sie nähren das Meer der Hilflosigkeit. „Solche Abstempelungen lassen keinerlei Raum für Veränderung, Entwicklung oder Wachstum, sondern aufgrund ihres statischen Wesens pertubieren sie den Status quo."[36]

Sehen Sie der Wahrheit ins Auge

Kurz gesagt, bahnt sich eine latente Krise an, wenn wir der Wahrheit nicht ins Auge sehen wollen. Denn durch die Verurteilung anderer Menschen, z.B. des Partners oder Ex-Partners, Kollegen, Nachbarn, Freunden, machen wir lediglich andere Menschen für unsere Gefühle verantwortlich. Das scheint vorerst leichter zu sein, als sie selber vor sich zu verantworten. Hier gilt: Aufgeschoben ist nicht aufgehoben!

---

35 Bryson 2006, S. 81
36 Ebd., S. 85

Und das Aufschieben kann Beziehungen kaputtmachen, denken Sie daran, wie belastend diese Zuweisungen für den Partner oder die Kollegin ist. Vielmehr ist das Aufschieben eine Einladung, sich diesem Ruf, diesem Hinweis zu stellen, und den nächsten Schritt in der persönlichen Weiterentwicklung zu gehen.

Aber es geht auch noch ganz anders: Wenn wir im anderen einen dominanten Menschen sehen, dann dürfen wir vermuten, dass wir selber einer sind. Wenn wir denken, der Chef sei kontrollierend, dann sind wir es selber. Die Kraft unserer Projektion, unseres eigenen Lichtes beleuchtet das Gegenüber. Wir sehen uns quasi im Spiegel. Projektionen dienen immer dem Zweck, sich von Verantwortung und Schuld zu befreien. Jegliches „Weil du“- oder „Wenn du nur“-Denken hat nur den Zweck, von der eigenen Verantwortung abzulenken – der Verantwortung für das eigene Leben, den eigenen Erfolg, die eigenen Emotionen, das eigene Glück, für Freude, Zufriedenheit und Erfüllung.

Wer stets allen zum Opfer fällt, nervt. Also raus aus dieser Misere.

Leichter gesagt als getan, oder?

5.2 Raus aus der Opfer-Falle

Stoppen Sie Ihre Selbstbeschuldigungen

Es gibt noch die andere Variante, die nur dann wirksam ist, wenn Sie Opfer bleiben *möchten*. Viele Menschen torpedieren ihr Glück und Vorankommen durch Selbstbeschuldigungen.

„Ich bin es nicht wert, ich kann doch nicht ..., ich bin nicht gut genug, ...“

Selbstbeschuldigungen sind ein ewiger Teufelskreis mit magischer Sogwirkung, um eigenverantwortliches Handeln so unmöglich wie möglich zu machen.

Hinter jeder chronischen Selbstbeschuldigung steckt meist die Sehnsucht nach Liebe, Verständnis und Empathie. Nur bitten Menschen, die lieber den Weg über die Selbstbeschuldigung gehen, nicht genau darum bzw. erfüllen sich diese Bedürfnisse nicht. Vielmehr hoffen sie täglich auf ein Wunder – denn der Partner oder die Partnerin soll ihnen den Wunsch, das Bedürfnis von den Augen ablesen. Oder die kleinen dezenten Hinweise, das eigene Verhalten sollte doch genügen, damit das Gegenüber Bescheid weiß. Sie schaffen eine Sogwirkung. Der Partner mag anfangs vielleicht noch an seinen hellseherischen Fähigkeiten arbeiten, um dem anderen entgegenzukommen, aber diese Quelle versiegt irgendwann. Für den Partner bedeutet das totalen Stress, denn er muss quasi Bestätigung und Zuwendung geben, dem Nehmenden reicht das aber nicht aus. Denn die Schuldzuweisungen fressen diese gleich wieder auf. Es gleicht einem Fass ohne Boden.

Kümmern Sie sich selbst um Ihr Wohlergehen

Wenn Sie sich immer als Opfer sehen, sind Sie mit Ihrer Aufmerksamkeit und Wahrnehmung im Außen. Sie achten auf die Menschen, denen Sie nach Ihrem Weltbild ausgeliefert sind. Sie suchen im Verhalten der anderen, in der Gestik und Mimik mögliche Signale und Hinweise. Davon leiten Sie Ihre Stimmung ab. Sie sind frustriert, niedergeschlagen,jammernd, wütend, zornig oder frustriert, weil die Menschen so sind, wie sie sind. Sie lassen sie damit über Ihr Leben bestimmen. Sie geben die Verantwortung für Ihr Wohlergehen ab.

Das betrifft alles, alle Umgebungen. Denken Sie bei der Arbeit „Ich kann es eh nicht ändern, die Bedingungen sind so“, dann werden Sie es nicht ändern. Das Hamsterrad, in dem Sie laufen, dient dem schmerzhaften Denken: „Ständig läuft alles schief ... und immer bin ich schuld ... Ständig läuft alles schief ... und immer bin ich schuld ...“ Das lähmt.

Höchste Zeit, hier auszusteigen.

> *„Sich selbst zu beschuldigen, ist Luxus. Wenn wir uns selbst Vorwürfe machen, glauben wir, dass niemand anders das Recht dazu hat.“*
>
> Oscar Wilde

5.3 Gelassenheit ist lernbar

„Gott gebe mir die Gelassenheit, Dinge hinzunehmen, die ich nicht ändern kann, den Mut, Dinge zu ändern, die ich ändern kann, und die Weisheit, das eine vom anderen zu unterscheiden."

FRIEDRICH CHRISTOPH OETINGER

Nehmen Sie beide Seiten der Situation an

Was können wir tun, um besser akzeptieren zu können? Wir können lernen, dass Unglück, Enttäuschung, Katastrophen und Widrigkeiten Teil unseres Lebens sind. Manche Erfahrungen und Dinge lassen sich einfach nicht vermeiden. Wenn wir aufhören, mit dem Schicksal zu hadern, nicht mehr verbittern und klagen, sondern das Geschehene akzeptieren, uns schrittweise öffnen, können wir auch schrittweise begreifen und annehmen. Um dann proaktiv Änderungen vornehmen zu können. Nach jedem Schritt ist zu überlegen, wie es weitergehen kann. Alles hat immer positive und negative Anteile. Wenn wir beide Seiten annehmen, ohne uns im Negativen zu verzetteln, haben wir einen größeren Überblick über die Situation.

Akzeptanz braucht Geduld. Akzeptanz geschieht nicht in einer einzigen Minute, es ist ein Prozess der Reife. Oft genug müssen wir uns mühsam mit etwas auseinandersetzen, innerlich tolerieren und annehmen. Dazu brauchen wir Zeit und Geduld. Geduld ist ein ganz bewusstes Warten und dabei aufmerksam zu bleiben. Zur Geduld entscheiden wir uns ganz bewusst. Wer in einer Krisensituation oder bei einer Herausforderung Geduld beweist, hat oft als Quelle eine ganz persönliche Zuversicht, dass sich die Dinge schon von alleine ordnen oder fügen. Geduldige Menschen vertrauen darauf, dass in einer Situation noch weitaus mehr enthalten ist, als auf den ersten oder zweiten Blick sichtbar wird. Sie wissen, dass sich die wahre Bedeutung noch herausschälen wird.

Für viele Menschen scheint es eine Qual zu sein, in der Schwebe oder Balance zu hängen. Sie sind erschöpft von der Ungewissheit, beeinträchtigt oder verunsichert. Es gibt aber immer wieder Situationen, in denen wir Geduld brauchen, bis wir etwas Klarheit erkennen können. Und bis dahin braucht es die Fähigkeit, aus unterschiedlichen Perspektiven auf unsere aktuelle Situation zuschauen. Dann können wir ganz verschiedene Strategien entwickeln und umsetzen. Manchmal braucht das weitaus mehr Monate – oder gar Jahre –, als wir denken.

Geben Sie sich Zeit

Das Vertrauen in einen größeren Zusammenhang, in das große Ganze, lässt uns mutig werden. Ein „es wird schon" ist wie gut gereifter Kompost für den Garten. Er ist ein Schatz und setzt Kräfte frei. Ich selber habe es – teilweise sehr mühsam – lernen dürfen, Geschehnisse und Ereignisse als vorläufig oder noch nicht abgeschlossen hinzunehmen und zu akzeptieren. „Das Leben ist die instabilste und damit verletzlichste Situation, die es gibt. Instabilität ist geradezu das bestimmende Kennzeichen allen Lebendigen ... Der Moment der größten Stabilität markiert zugleich den Punkt der höchsten Sensibilität und Offenheit."[37]

Es ist ein normaler Prozess, weil vieles in Veränderung, Wachstum oder Verwirrung ist. Zugleich ist es doch auch entlastend, dass wir nicht alles vorhersehen und absehen können. Zu schnell herbeigeführte Kompromisse sind nicht immer eine Lösung. Manchmal leitet uns unsere Intuition oder unserer Bauchgefühl ganz deutlich: „Es braucht noch eine kleine Weile."

Akzeptanz ist – wenn auch nicht immer einfach – Versöhnungsarbeit.

Wie in dem Gelassenheitsgebet gesagt, ist es eine wertvolle Voraussetzung zu unterscheiden, was wir beeinflussen können und was nicht.

1. Wir selber können uns, unser Verhalten, Denken und Fühlen beeinflussen. Jeder Mensch hat die Verantwortung für seine eigenen Gedanken, Gefühle und Handlungen.

37 Hüther, Gerald. Spannbauer, Christa. Connectedness. Verlag Hans Huber, Bern, 2012. Seite 25

2. Wir können andere Menschen nicht unbedingt beeinflussen, aber wir können beeinflussen, wie wir mit ihnen umgehen. Wir können sie einladen.
3. Dann gibt es noch Gegebenheiten, die von ganz außen kommen. Das sind Dinge, die wir wirklich nicht ändern können.

Akzeptieren müssen Sie das, worüber Sie keine Kontrolle haben

Wir haben es also in der Hand, in diesen drei Bereichen unterschiedlich zu agieren. Am effektivsten ist es, wenn wir in unserem eigenen Bereich am meisten Verantwortung übernehmen. Dort, wo wir keinerlei Kontrolle haben, liegt die größte Herausforderung, unsere Akzeptanz wachsen zu lassen. Zu erkennen, dass wir das nicht ändern können, ist sehr entlastend. Das betrifft auch Ereignisse und Situationen aus der Vergangenheit. Ich kann sie nicht ungeschehen machen, aber ich darf daraus lernen und mich mit den Folgen beschäftigen.

Kay Pollak schreibt: „Ich kann meine Vergangenheit (alles, was ich erlebt, und alle Menschen, die ich getroffen habe) als etwas betrachten, das mich schwach, bitter und unglücklich gemacht hat. Oder ich kann meine Vergangenheit als etwas ansehen, das mich stärker gemacht hat und mir die Möglichkeit gegeben hat, mich zu entwickeln. Eines ist sicher: Ich kann meine Vergangenheit nicht ändern. Ich kann nur meinen Blick auf sie ändern."[38] Und wenn wir auf Ereignisse in unserem Leben zurückblicken, dann sind die Eindrücke und Erinnerungen – vielleicht – jedes Mal ein bisschen anders. Es sind subjektiv gefärbte Momentaufnahmen.

Stehen Sie zu sich!

So habe ich persönlich einen Gewinn. Ansonsten heißt es: Ganz nüchtern festzustellen, was ist. Und einen inneren Frieden mit dem zu finden, was Sie nicht ändern können.

---

38 Pollak 2008, S. 155

5.4 Sich selbst akzeptieren

Zur Akzeptanz von Gegebenheiten, die wir nicht ändern können, gehört auch die Akzeptanz unseres Selbst. Wir sind wir, mit all unseren Schwächen, Marotten und Gewohnheiten, mit unserem Aussehen und unserem Alter.

Sich selbst zu akzeptieren, ist der Anfang von allem.

Wichtigster Schlüssel dazu: Erkennen Sie, dass Sie prinzipiell unabhängig von der Zustimmung anderer Menschen sind. Sie sind, was Sie sind.

Stellen wir es einfach fest: Viele Menschen vermeiden die Auseinandersetzung mit ihren Stärken und Einschränkungen, mit Schwächen und dem Ungeliebten in sich. Sie schämen sich für sich selbst, sind unzufrieden mit sich, ihrem Äußeren, ihrem Verhalten, ihren Fehlern. Menschen mit Resilienz dagegen nehmen sich selber an. Sie schämen sich nicht, weder für ihre Schwächen, Fehler, Pannen, Gefühle oder Grenzen. Sie stellen sich der Realität. Auch in der Krise, auch in Trauerphasen, können sie sich öffnen und zeigen.

Begreifen Sie Fehler als Chancen!

Nicht resiliente Menschen sehen sich schnell als Opfer, und wenn sie einen Fehler gemacht haben, denken sie, dass sie versagt haben. Misserfolge schreiben sie sich selbst zu. Selbstzweifel und ein geringes Selbstbild folgen auf dem Fuß. Resiliente Menschen sehen Fehler als Chance, als Lernerfahrung und als Möglichkeit zur Weiterentwicklung. Kritik und Feedback vertragen sie, Erfahrung nutzen sie.

Sich akzeptieren heißt nicht, sich nicht ändern zu können. Wachstum und Veränderung sind immer möglich.

Zentrale Fragen in der Selbstakzeptanz sind:

- Wie gehen Sie mit sich selbst um?
- Akzeptieren Sie sich voll und ganz mit Ihren Stärken und Schwächen?
- Sind Sie versöhnt mit Ihrer Biografie und mit dem, was Ihnen mitgegeben worden ist ins Leben?
- Was genau verlangen Sie von sich?
- Wie sehen Sie sich selbst?
- Wie gehen Sie mit sich selbst um? Vor allem, wenn Sie einen Fehler gemacht haben oder mit sich selber unzufrieden sind?
- Was genau lieben Sie an sich?

Überdenken Sie vorgegebene Ideale

Gerade Frauen eifern oft einem Schönheitsideal nach oder möchten gefallen. Wegen ihrer Leistung, ihres Könnens, ihrer Schönheit, Kleidung, Schuhe, Kinder, wegen ihres Hauses, ... Es fällt uns allen schwer, die eigenen Grenzen und Unzulänglichkeiten, Schwächen und Unpässlichkeiten zu akzeptieren. Am liebsten möchten wir etwas Besonderes sein – Mittelmaß reicht uns nicht. Viele von uns vermeiden auch unangenehme Gefühle und Stimmungen.

„Akzeptanz ist ein Prozess, der Verluste, Rückschläge und ungewollte Vorfälle in das eigene Leben integriert. Grundlage dafür ist die Erfahrung und das Vertrauen, dass jedes Ereignis auch positive Aspekte enthält und sinnvolle Konsequenzen nach sich ziehen kann, auch wenn dies zum Zeitpunkt des Geschehens noch nicht erkennbar ist.“[39]

5.5 Ein großes Geschenk: Humor

Humor ist eine Therapie

Humor kann Ihre Strategie sein, einer der besten Begleiter in Krisenzeiten. „Gibt es eine bessere Form, mit dem Leben fertig zu werden, als Humor?“, fragt Charles Dickens. Womöglich nicht. Weltweit forschen Psychologen, Immunologen, Stressforscher, Neurologen und anderen Wissenschaftler auf dem Gebiet des Humors. Dabei hat der Arzt, Topmanager und Business Trainer Roman F. Szeliga, der den

39 Gruhl 2010, S. 40

Verein „CliniClowns“ („Ärzte des Lachens“) ins Leben rief, herausgefunden: „Unsere Gesundheit hängt von unseren Gefühlen ab. Wer sein Leben mit Humor nimmt, lebt länger. Und hat so mehr Zeit zum Genießen und noch mehr Spaß am Tun.“[40]

Humor wird mittlerweile therapeutisch genutzt und erzielt dort hohe positive Wirkungen. Es ist eine Sache der Einstellung, allen Dingen ihre humorvolle Seite abzugewinnen und das Absurde an alltäglichen Situationen zu entdecken. Der richtige Humor zeugt von einer sozialen Kompetenz. In der täglichen Kommunikation zwischen uns Menschen hilft Humor enorm, denn:

- Humor stellt Verbindungen zwischen Menschen her.
- Humor transportiert auch Botschaften sehr einprägsam und nachhaltig. Das nutzt ja unter anderem die Werbung.
- Humor hilft uns Kritik besser anzunehmen.
- Humor ist eine köstliche Stressprophylaxe bzw. reduziert den Stress.

Humor hat nichts Unseriöses

Humor ist nicht unseriös, wenn es ein feiner, geistreicher Humor ist. Er kann Ihnen in Krisenzeiten das Leben versüßen. Er hilft Ihnen, Ihre Gedanken in eine andere Richtung zu bringen, und schenkt Ihnen positive Emotionen. Ganz wichtig: Humor ist keine zwanghafte Heiterkeit, und Humor verdrängt auch nicht den Ernst einer Situation.

Humor bringt Dinge auf den Punkt

Humor kann vieles auf den Punkt bringen. Er ist eine Intelligenzleistung mit dem Ziel, komische, neue und ungewöhnliche Konstruktionen zu schaffen bzw. den Blick darauf zu lenken oder zu gewinnen. Humor schenkt uns neue Erkenntnisse und kann Gedanken auf indirekte Weise verständlich und einprägsam machen. Humor schafft eine persönliche Nähe, aber eine sachliche Distanz.

Humor kann das Blatt wenden

Der Humor erlaubt beide Gefühlsrichtungen, die schweren und die leichten. Mit Humor auf eingefahrene Situationen, übliche eingleisige

40 Vgl. Szeliga 2011

Denkmuster zuschauen, bringt Erkenntnisse. Es ist, als wenn wir mit einer anderen Brille auf unsere Situation gucken. Humor kann uns positiv stimmen und optimistischer sein lassen. Das bringt neue Handlungsfähigkeiten und andere Strategien. In jedem Fall bringt s Entlastung und reduziert den Stress. Es entspannt. Humor kann das Blatt wenden.

Glauben Sie dem „Arzt des Lachens", wenn er sagt: „Lachen kann alles: anstecken, aufrühren, ablenken. Man lacht an, aus und über, einander zu und sich kaputt. Lachen kann helfen und heilen. Lachen tröstet und Lachen triumphiert – auch in den schwersten Stunden des Lebens. Lachen ist das Gegengift zum Ernst des Lebens. Es ist die gewaltloseste Waffe des Menschen und dennoch eine der wirkungsvollsten. Lachende Menschen sind Attentäter. Denn selbst der schwächste unter ihnen entwaffnet seine Gegner – und befreit sich selbst –, egal wovon. Das Lachen eines Unterdrückten ist die größte Niederlage des Feindes. Völlig unerheblich bleibt dabei, ob es bloß eine kleine Beleidigung zunichtemacht oder über den Tod spricht."[41]

Auch das Konzept der Klinik-Clowns bringt den Humor in die schwersten Stunden des Lebens. Von der feinfühligen, kreativen und humorvollen Interaktion eines Klinik-Clowns profitieren alle, die mit Schmerz, Leid, Krankheit und Tod konfrontiert sind. Manches Mal reicht die bloße Anwesenheit eines Clowns aus. „Es sind jene Augenblicke, die Mut geben, den Kampf gegen das Schicksal wieder aufzunehmen. Heitere Momente, um neue Kraft zu schöpfen oder auch um ein wenig Abstand zu Unabänderbarem zu gewinnen."[42]

Hier möchte ich Ihnen eine Geschichte aus der Praxis Roman F. Szeligas erzählen, die das oben Geschriebene illustriert:

Ein CliniClown-Beispiel

„In einem der Zimmer wartete Tobias, ein sechsjähriger kleiner Patient mit einer Krebserkrankung. Wir betreuten Tobias schon lange, und er kannte uns dadurch schon sehr gut. Ich startete also mit großem Elan – so meinte ich jedenfalls – ins

---

41 Szeliga 2011, S. 113
42 Ebd., S. 114

Zimmer, begrüßte Tobias freudig. Nach den ersten kleinen Gags schaute mich Tobias mit ernster Miene an, um mich dann zu fragen: ‚Du, Dr. Jux, hast du wieder Nachtdienst gehabt? Du siehst müde aus!‘ Ich hielt in meiner Performance inne und dachte kurz nach. Was sollte ich jetzt sagen? Sollte ich antworten: ‚Nein, mir geht's super, lass uns Unfug treiben', oder sollte ich die Wahrheit sagen, dass ich nämlich sehr müde war und mich am liebsten ins nächste leere Bett gelegt hätte, um zu schlafen?

Ich entschied mich spontan für die zweite Variante: ‚Ja, Tobias, es war wieder sehr anstrengend letzte Nacht. Viele Patienten, du weißt schon ...‘ Darauf Tobias: ‚Das habe ich gleich bemerkt, du schaust wirklich müde aus ... Du, darf ich dir einen Vorschlag machen? Darf ich heute dein Clown sein?‘ Mir blieb vor Rührung der Mund offen: ‚Klar, super Idee!‘ Schnell und mit wenigen Strichen war Tobias dezent zum Clown geschminkt, zog meinen überlangen Ärztekittel an. Mit einem Johlen gingen wir nun von Zimmer zu Zimmer und Tobias unterhielt die Kinder mit unseren Gags, Spielen und Requisiten. Das perfekt und mit einer derartigen Begeisterung, dass wir selbst Tränen lachten, oft genug hatte er uns ja beobachten können.

Es war einer der berührenden Augenblicke während meiner Clini-Clown-Arbeit. Noch lange danach habe ich über meine Entscheidung nachgedacht und wie richtig sie in diesem Moment war. Klar, ich hätte Tobias auch eine Show vorspielen können, aber der kleine Bursche hätte dies mit Sicherheit durchschaut und das für die Arbeit so wichtige Vertrauensverhältnis wäre garantiert in die Brüche gegangen. Ja, man kann von Kindern sehr viel lernen!“[43]

Nutzen Sie den Humor, um einen gebührenden Abstand zu hren Gedankenkreiseln, Ihren vermeintlichen Dilemmata, Ihrem Schmerz, Ihrer Traurigkeit und Ihrer Krise zu gewinnen. Zumindest punktuell, das kann schon sehr viel bringen.

43 Ebd., S. 118 f.

Nachwort

Dieses Buch liegt jetzt hinter mir. Für mich war es das bisher intensivste und persönlichste Buch, das ich je geschrieben habe. Die letzten sechs Monate war dieses Buch ein wichtiger Bestandteil meines Alltags, meiner Gedanken, meines Lebens und meiner Arbeit. Insbesondere der Arbeit an mir selbst. Und jetzt, auf den letzten Seiten und die letzten Buchstaben in meinen Händen jonglierend, wird mir deutlich, wie sehr ich durch dieses Buch gewachsen bin. Wie so oft im Leben spielt das Schicksal seine Karten aus. Und ich habe gerade jetzt wieder eine Karte gezogen, die mir zeigt und mich erfahren lässt, wie glücklich und reichhaltig unser Leben sein kann. Niemals hätte ich gedacht, dass diese Krise, die mir erst unüberwindbar schien und die fast zwei Jahre dauerte, mich in das größte Glück meines Lebens trägt. Ich war noch nie so sehr bei mir wie jetzt. Ich hätte nie gedacht, dass mein innerer Reichtum so vielfältig, schillernd und kostbar ist. Um diese intensive Lebensphase überhaupt wahrnehmen zu können, sie mit Genuss feiern zu können, brauchte es diese Krise, diese tiefe Auseinandersetzung mit mir, meinem bisherigen Leben, meinen Glaubenssätzen und Grundannahmen, meiner Vergangenheit und meinen Visionen. Um mich herum ist unglaublich viel Liebe, ebenso wie ich voller Liebe bin. Das Geschenk und die Erfahrung, Mutter und Tochter zu sein, ist bunter, bewusster und vielfältiger denn je. Das ist erst jetzt möglich geworden. Zumindest nehme ich jetzt erst wahr.

Ich bin unendlich dankbar dafür, was mir die letzten Wochen und Monate widerfahren ist und was ich jetzt erlebe. Es brauchte 50 Jahre (so wohl der Titel des Buches, das ich noch dazu schreiben möchte), um dafür bereit zu sein, was ich jetzt erlebe.

Und vielleicht wird es Ihnen auch genauso ergehen, wenn Sie Ihre Krise durchlebt haben. Ich hoffe, mein Rettungsring war und ist Ihnen eine Hilfe. Ich wünsche Ihnen, aus ganzem Herzen und tiefster Überzeugung, die Kraft, die Liebe und den Mut, jetzt Ihren Weg zu gehen, auch wenn es unbequem und schwer ist. Es ist Ihr Weg, und er wird Sie dahin führen, wo es für Sie weitergeht.

Lassen Sie mich wissen, wie es Ihnen ergangen ist.

Mit allen guten Wünschen
Ihre Barbara Messer

Literatur

Asgodom, Sabine (2012). *So coache ich.* Kösel Verlag, München

Blenk, Detlev (2003). *Inhalte auf den Punkt gebracht.* Beltz Verlag, Weinheim, Basel, Berlin

Bryson, Kelly (2006). *Sei nicht nett, sei echt.* Junfermann Verlag, Paderborn

Carnegie, Dale (2009). *Sorge dich nicht, lebe!* Fischer Taschenbuch, Frankfurt

Conzen, Peter (1996). *Erik H. Erikson.* Kohlhammer Verlag, Stuttgart, Berlin, Köln

Covey, Stephen R. (1995). *Die sieben Wege zur Effektivität.* Campus Verlag, Frankfurt

Engelbrecht, Sigrid (2009). *Lass los, was deinem Glück im Weg steht.* Gräfe & Unzer, München

Erikson, Erik (1973). *Identität und Lebenszyklus.* Suhrkamp Taschenbuch Wissenschaft, Frankfurt

Fritze, Nicole (2013). *Motivier dich selbst – sonst macht es ja keiner.* Südwest Verlag, München

Gruhl, Monika (2010). *Die Strategie der Stehauf-Menschen.* Kreuz Verlag, Freiburg

Isert, Bernd & Rentel, Kurt (2000). *Wurzeln der Zukunft.* Junfermann Verlag, Paderborn

Kuchenmeister, Konstanze (2012). *Mein Glücksrezept.* Gräfe & Unzer, München

Matthews, Andrew (2007). *So geht's Dir gut.* Junfermann Verlag, Paderborn

McGowan, Kathleen (2012). *Die lebensverändernde Kraft von Krisen.* in: *Psychologie heute.* Compact. Beltz Verlag, Heft 32

Messer, Barbara (2010). *100 Tipps für die Validation.* Schlütersche Verlagsgesellschaft, Hannover

Messer, Barbara (2011). *Das 1 x 1 des Führens in der Pflege.* Schlütersche Verlagsgesellschaft, Hannover

Molinari, Paola (2010). *Lebe statt zu funktionieren.* Gräfe & Unzer, München

O'Connor, Joseph & Seymour, John (1995). *Neurolinguistisches Programmieren: Gelungene Kommunikation und persönliche Entfaltung.* VAK Verlag für Angewandte Kinesiologie, Freiburg

Pieper, Georg (2012). *Überleben oder Scheitern.* Knaus Verlag, München

Pohle, Rita (2010). *Lass los, was deine Seele belastet.* Gräfe & Unzer, München

Pollak, Kay (2008). *Für die Freude entscheiden.* Südwest Verlag, München

Scharb, Brigitte (1999). *Spezielle validierende Pflege.* Springer Verlag, Wien, New York

Schumacher, Hajo (2012). *Bewegt Euch!* Ludwig Verlag, München

Staemmler, Frank-Matthias & Bock, Werner (1998). *Ganzheitliche Veränderung in der Gestalttherapie.* Peter Hammer Verlag, Wuppertal

Staples, Walter (1998). *Personal Coaching in Action.* Junfermann Verlag, Paderborn

Szeliga, Roman F. (2011). *Erst der Spaß, dann das Vergnügen.* Kösel Verlag, München

Tepperwein, Kurt (2011). *Krise als Chance.* mvg Verlag, München

Ware, Bronnie (2013). *5 Dinge, die Sterbende am meisten bereuen. Einsichten, die Ihr Leben verändern werden.* Arkana Verlag, München

Watzlawick, Paul (2009). *Anleitung zum Unglücklichsein.* Piper Verlag, München